Parabéns! A Coleção Akpalô tem um conteúdo digital completo e exclusivo esperando por você!

Para utilizar todos os recursos digitais da coleção, acesse o portal:
www.editoradobrasil.com.br/akpalo

Cadastre-se no portal e aproveite o conteúdo exclusivo!

1º - **Entre em Acesso ao conteúdo restrito**, clique em Cadastre-se e escolha a opção Aluno.

2º - **Digite o código de acesso**:

1319470A4459638

Você pode digitar todos os códigos que tiver! 😉

3º - **Preencha o cadastro** com suas informações.

AKPALÔ

CB134023

Editora do Brasil

4º ano

Liane Nascimento

AKPALÔ

Geografia

AKPALÔ

Palavra de origem africana que significa "contador de histórias, aquele que guarda e transmite a memória do seu povo"

Editora do Brasil

Dados Internacionais de Catalogação na Publicação (CIP)
(Câmara Brasileira do Livro, SP, Brasil)

Nascimento, Liane
Akpalô: geografia, 4º ano / Liane Nascimento. – 3. ed. – São Paulo: Editora do Brasil, 2015. – (Coleção akpalô; 4)

Bibliografia.
ISBN 978-85-10-06042-4 (aluno)
ISBN 978-85-10-06043-1 (professor)

1. Geografia (Ensino fundamental) I. Título. II. Série.

15-06923 CDD-372.891

Índices para catálogo sistemático:
1. Geografia : Ensino fundamental 372.891

Direção geral: Vicente Tortamano Avanso
Direção adjunta: Maria Lucia Kerr Cavalcante de Queiroz

Direção editorial: Cibele Mendes Curto Santos
Gerência editorial: Felipe Ramos Poletti
Supervisão editorial: Erika Caldin
Supervisão de arte, editoração e produção digital: Adelaide Carolina Cerutti
Supervisão de direitos autorais: Marilisa Bertolone Mendes
Supervisão de controle de processos editoriais: Marta Dias Portero
Supervisão de revisão: Dora Helena Feres
Consultoria de iconografia: Tempo Composto Col. de Dados Ltda.

Coordenação Editorial: Júlio Fonseca
Coordenação Pedagógica: Josiane Sanson
Edição: Gabriela Hengles e Camila Orsi Trevisan
Assistência editorial: André dos Santos Martins, Guilherme Fioravante e Patrícia Pinheiro de Sant'Ana
Auxílio editorial: Caio Zarino Jorge Alves e Manoel Leal de Oliveira
Apoio editorial: Caroline Fernandes
Coordenação de revisão: Otacilio Palareti
Copidesque: Gisélia Costa e Ricardo Liberal
Revisão: Ana Carla Ximenes e Elaine Fares
Pesquisa iconográfica: Elena Ribeiro e Thais Falcão
Coordenação de arte: Maria Aparecida Alves
Assistência de arte: Leticia Santos
Design gráfico: Estúdio Sintonia
Capa: Maria Aparecida Alves
Imagem de capa: Rosinha
Ilustrações: Daniel Klein, Dawidson França, Eduardo Belmiro, Estudio Mil, Flip Estúdio, Ilustra Cartoon, Luis Moura, Paula Radi, Paulo Borges, Rafael Herrera, Reinaldo Vignati, Ronaldo Barata e Waldomiro Neto
Produção cartográfica: DAE (Departamento de Arte e Editoração), Sonia Vaz e Studio Caparroz, Mario Yoshida
Coordenação de editoração eletrônica: Abdonildo José de Lima Santos
Editoração eletrônica: Adriana Tami, Armando F. Tomiyoshi e Gabriela César
Licenciamentos de textos: Cinthya Utiyama, Paula Harue Tozaki e Renata Garbellini
Coordenação de produção CPE: Leila P. Jungstedt
Controle de processos editoriais: Beatriz Villanueva, Bruna Alves, Carlos Nunes e Rafael Machado

3ª edição / 2ª impressão, 2016
Impresso na Intergraf Ind. Gráfica Eireli

Editora do Brasil

Rua Conselheiro Nébias, 887 – São Paulo/SP – CEP 01203-001
Fone: (11) 3226-0211 – Fax: (11) 3222-5583
www.editoradobrasil.com.br

Querido aluno,

O mundo nos desperta grande curiosidade. Todos os dias nos deparamos com novas imagens. O lugar onde vivemos e as paisagens observadas revelam uma grande diversidade de formas, pessoas, construções e formas de organização. É um espaço em constante transformação.

A Coleção Akpalô Geografia vai ajudá-lo a entender essa dinâmica. Nela você encontrará fotografias, ilustrações e mapas dos lugares, além de explicações, poemas, músicas, reportagens e textos apresentados para facilitar o entendimento do espaço geográfico.

As atividades são diversificadas e existem diversas situações em que você poderá refletir, descobrir, pesquisar e se divertir. E o principal: despertar seu interesse por aprender.

Esta coleção foi feita para você. Esperamos que goste! Aproveite bem este ano!

A autora

Conheça a autora

Liane Nascimento

- Especialista em Educação Ambiental.
- Graduada em Ciências Sociais e Geografia.
- Professora das redes pública e particular de ensino.
- Autora de livros didáticos para o Ensino Fundamental I.

Conheça seu livro

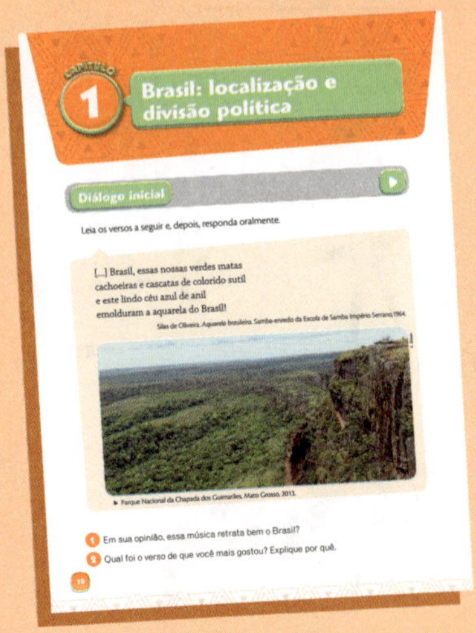

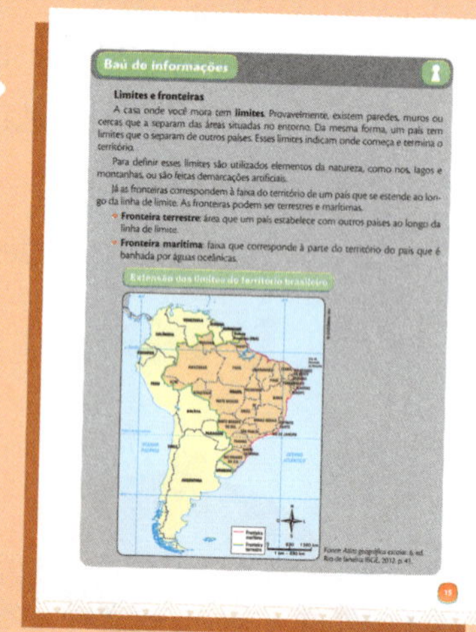

Baú de informações: traz textos informativos que aprofundam e complementam o conteúdo.

Diálogo inicial: apresenta o tema do capítulo com questões para iniciar o estudo dele.

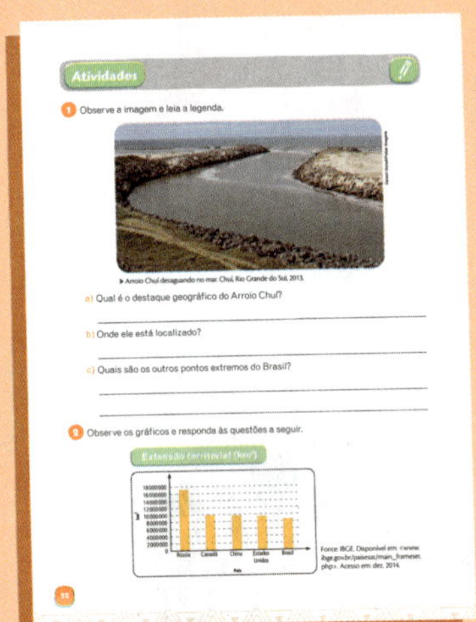

Atividades: é o momento de refletir sobre o conhecimento adquirido e fixá-lo. Em vários momentos você encontrará atividades interdisciplinares, isto é, que trabalham assuntos de duas ou mais disciplinas.

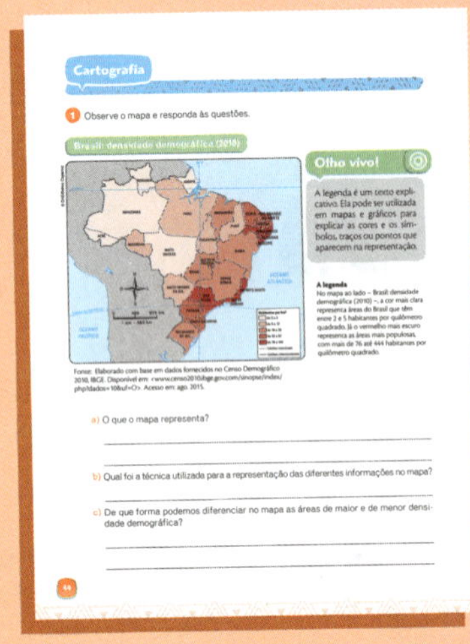

Cartografia: traz atividades que ensinam a linguagem cartográfica, necessária para a compreensão de mapas e plantas.

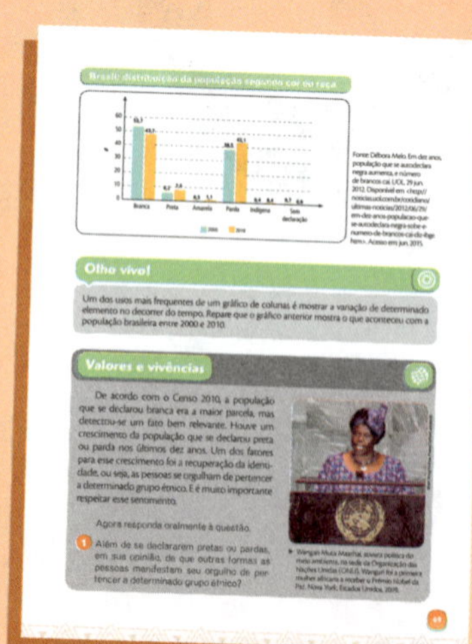

Olho vivo!: apresentada no formato de lembrete, traz orientações específicas, dicas, ou sugestões, e chama atenção para aspectos importantes do que está sendo abordado.

Valores e vivências: textos sobre saúde, meio ambiente, ética, formação cidadã, consumo etc. Você saberá mais sobre a maneira de cada um ser, ver, fazer e entender as diferentes situações do dia a dia.

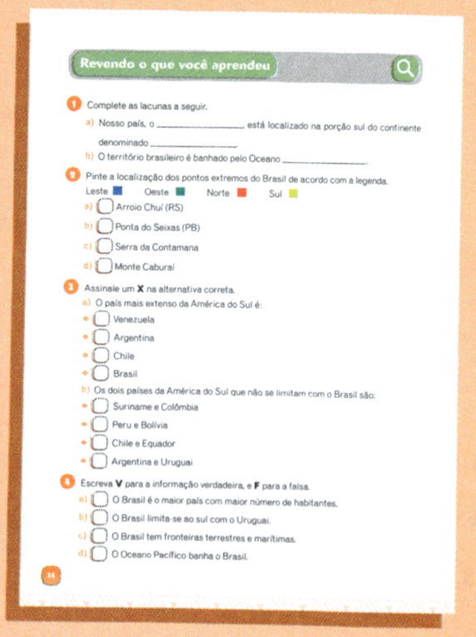

Revendo o que você aprendeu: por meio das atividades de revisão, você retomará os conteúdos explorados no capítulo, assimilando melhor o que estudou.

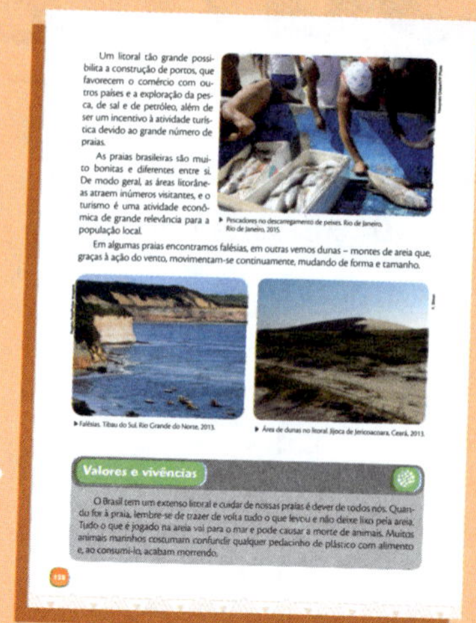

Brincar e aprender: atividade descontraída e contextualizada com o capítulo, que revisa ou aprofunda o conteúdo de forma lúdica.

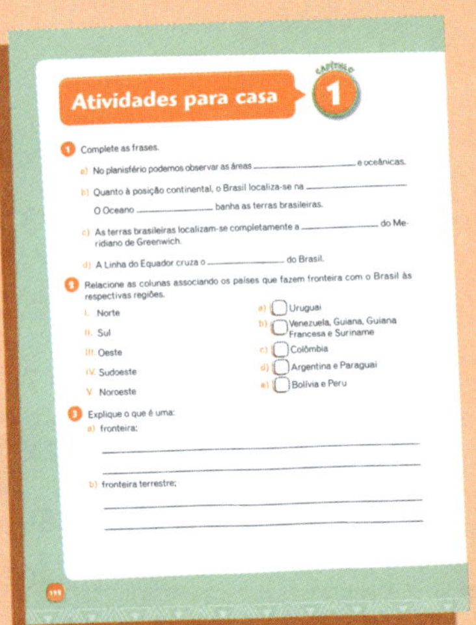

Atividades para casa: no final do livro, você encontra atividades de todos os capítulos para fazer em casa, facilitando assim o estudo.

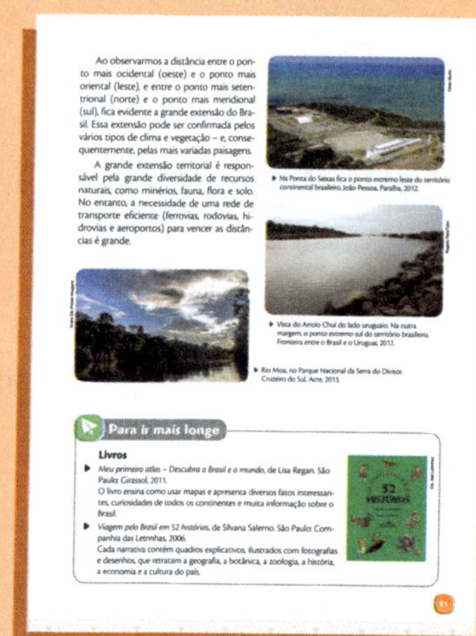

Para ir mais longe: gostou do assunto estudado e quer saber ainda mais? Aqui há dicas de livros, filmes e sites que poderão enriquecer seu repertório.

Um pouco mais sobre: textos, músicas, poemas e outros gêneros artísticos apresentam curiosidades sobre o tema estudado.

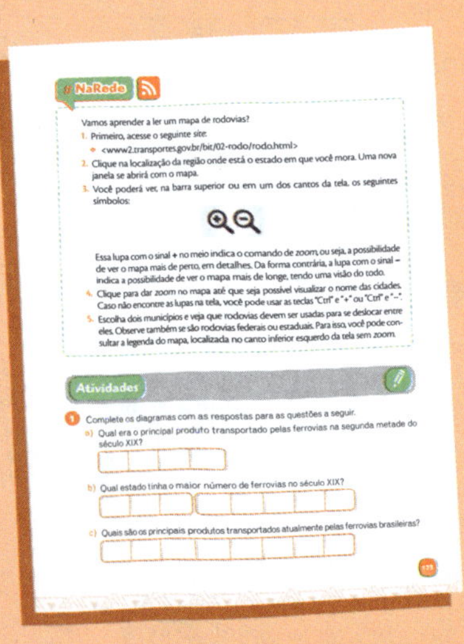

#NaRede: atividades orientadas para você começar a ter contato com o ambiente digital e, aos poucos, adquirir autonomia na hora de pesquisar na internet.

Sumário

CAPÍTULO 1

Brasil: localização e divisão política

Diálogo inicial

Leia os versos a seguir e, depois, responda oralmente.

[...] Brasil, essas nossas verdes matas
cachoeiras e cascatas de colorido sutil
e este lindo céu azul de anil
emolduram a aquarela do Brasil!

Silas de Oliveira. *Aquarela brasileira*. Samba-enredo da Escola de Samba Império Serrano,1964.

A. Simon

Parque Nacional da Chapada dos Guimarães, Mato Grosso, 2013.

1. Em sua opinião, essa música retrata bem o Brasil?
2. Qual foi o verso de que você mais gostou? Explique por quê.

Localização do Brasil no mundo

A observação do mapa-múndi possibilita a localização do território brasileiro de acordo com sua posição continental, além das áreas continentais e oceânicas.

Mapa-múndi: Brasil

Fonte: *Atlas geográfico escolar*. 6. ed. Rio de Janeiro: IBGE, 2012. p. 34.

As áreas continentais são as grandes divisões territoriais da Terra chamadas **continentes**. Existem seis continentes: Europa, Ásia, África, América, Oceania e Antártica.

As áreas oceânicas, ou **oceanos**, correspondem às vastas porções de massa líquida e salgada que recobrem cerca de 70% da superfície do planeta.

Quanto à posição continental, o Brasil está localizado no continente americano e é banhado pelas águas do Oceano Atlântico.

Podemos também localizar um país de acordo com a posição que ele ocupa em relação às principais linhas imaginárias que circundam o planeta. Essas linhas foram estabelecidas para facilitar a localização de algo na superfície terrestre. As duas principais linhas imaginárias são a Linha do Equador e o **Meridiano** de **Greenwich**. Elas são utilizadas para a determinação dos **hemisférios terrestres**, ou seja, cada uma das metades em que a Terra é imaginariamente dividida.

Vocabulário

Meridiano: linha imaginária que liga um polo ao outro. Cada meridiano equivale à metade de um círculo.

Greenwich: refere-se à linha imaginária que passa pelo observatório Real de Greenwich, localizado próximo à Londres, no Reino Unido.

Observe nos mapas a seguir a localização do Brasil nos hemisférios terrestres:

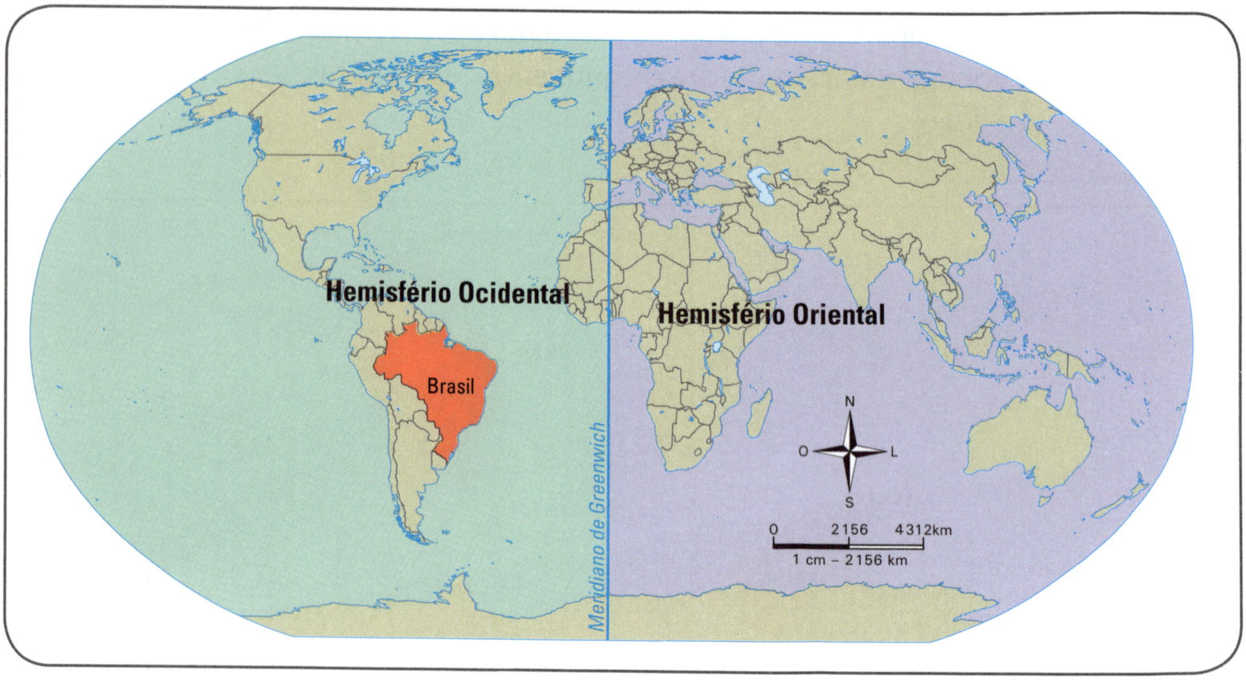

Fonte: *Atlas geográfico escolar*. Rio de Janeiro: IBGE, 2007.

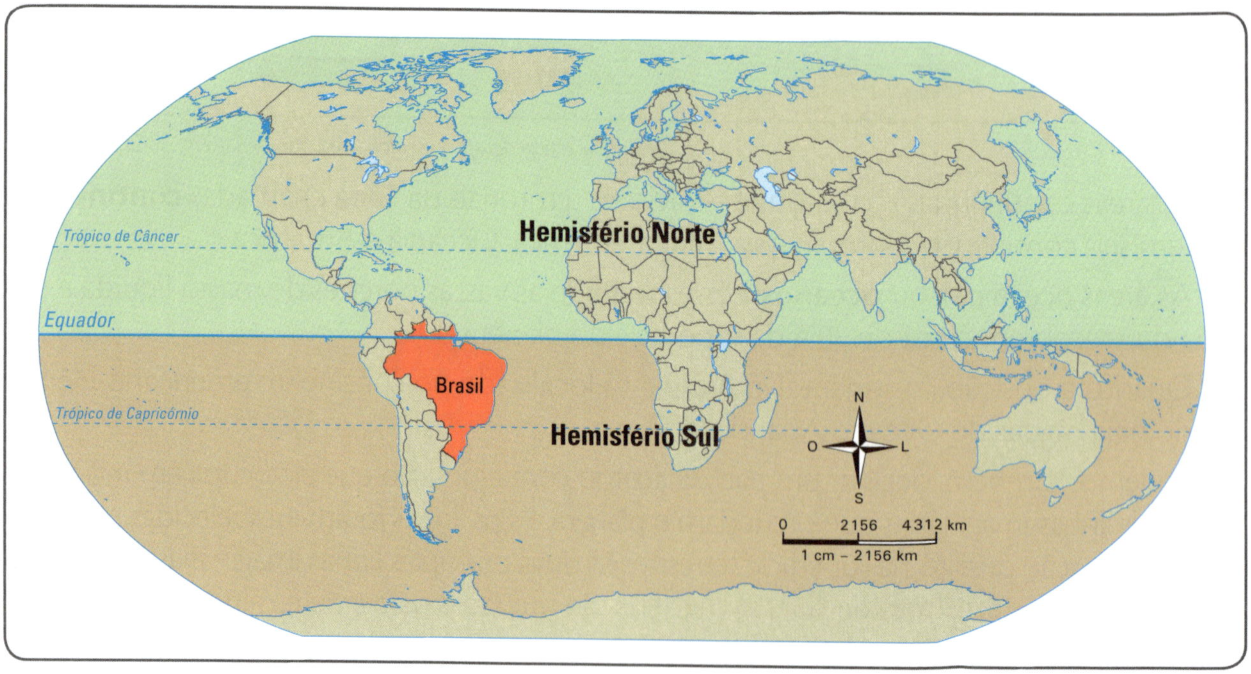

Fonte: *Atlas geográfico escolar*. Rio de Janeiro: IBGE, 2007.

Ao observarmos os mapas, percebemos que o Brasil está situado a oeste do Meridiano de Greenwich e, portanto, totalmente no Hemisfério Oeste ou Ocidental. Ao norte, o país é atravessado pela Linha do Equador. Desse modo, 93% do território concentra-se no Hemisfério Sul. O Brasil tem terras em três hemisférios – o Norte, o Sul e o Ocidental – e, portanto, grande dimensão territorial, por isso é considerado um país continental.

Atividades

1 Relacione as colunas.

a) hemisfério
b) continente
c) oceano

( ) Uma das grandes divisões territoriais da Terra.
( ) Cada uma das metades em que a Terra é imaginariamente dividida.
( ) Vasta porção de massa líquida e salgada.

2 Escreva o nome dos hemisférios em que o Brasil está localizado, de acordo com as indicações dos espaços nas imagens.

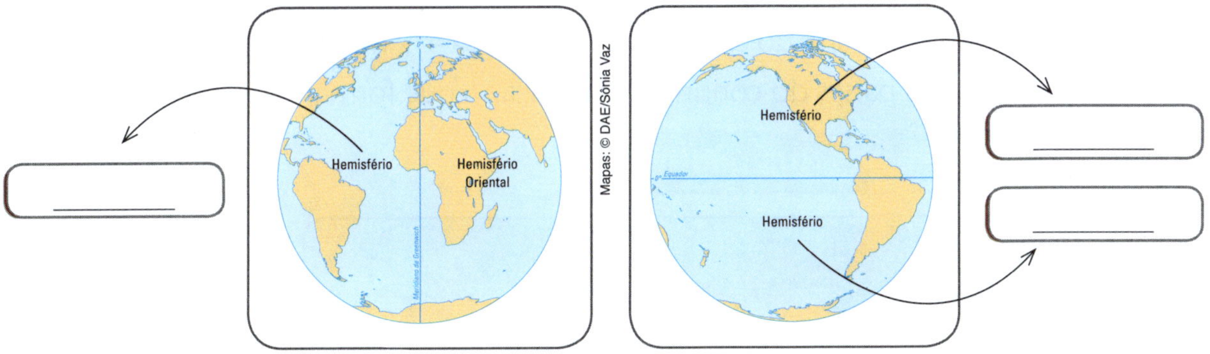

3 No mapa a seguir, localize e faça o que se pede.

a) Marque um **X** para indicar o território brasileiro.

b) Escreva o nome da Linha do Equador, do continente em que o Brasil está localizado e do oceano que banha as terras brasileiras.

Mapa-múndi: político

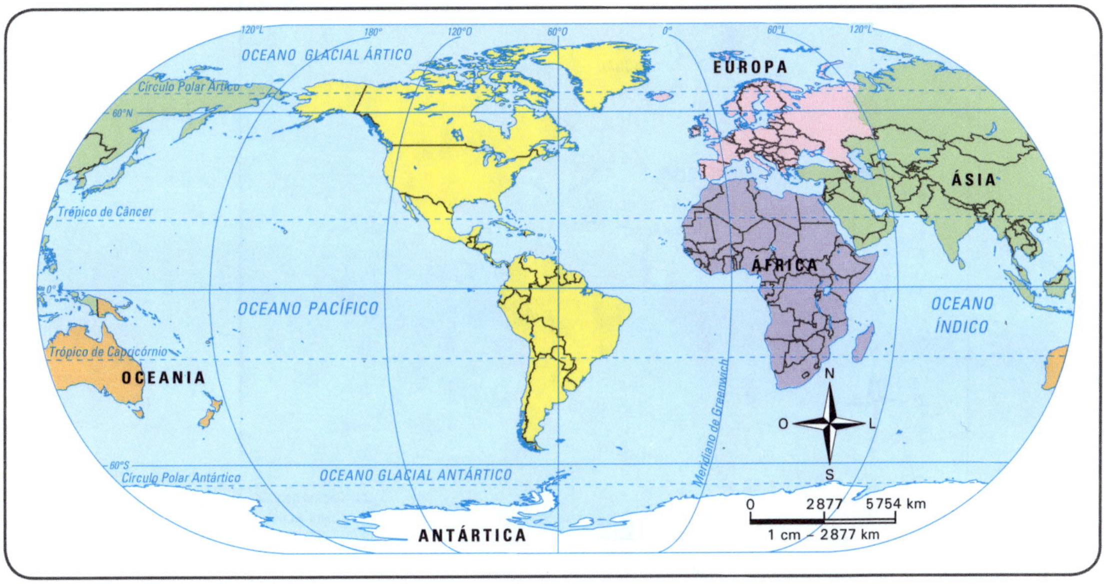

Fonte: *Atlas geográfico escolar*. 6. ed. Rio de Janeiro: IBGE, 2012. p. 34.

A posição do Brasil na América do Sul

O Brasil é o maior país da América do Sul. Banhado a leste, sudeste e parte do norte pelo Oceano Atlântico, tem uma fronteira terrestre de 15 719 quilômetros, dividida com dez países do continente americano:

- ao norte (N): Guiana, Suriname, Guiana Francesa e Venezuela;
- a noroeste (NO): Colômbia;
- a oeste (O): Peru e Bolívia;
- a sudoeste (SO): Paraguai e Argentina;
- ao sul (S): Uruguai.

Somente dois países sul-americanos, Chile e Equador, não fazem fronteira com o Brasil. A população brasileira (cerca de 203 milhões de habitantes, em 2014) também representa mais da metade da população dessa parte do continente, que acolhia 412 milhões de pessoas em 2014.

Observe no mapa os países do continente americano que formam a América do Sul.

América do Sul: político

Fonte: *Atlas geográfico escolar*. 6. ed. Rio de Janeiro: IBGE, 2012. p. 41.

Baú de informações

Limites e fronteiras

A casa onde você mora tem **limites**. Provavelmente, existem paredes, muros ou cercas que a separam das áreas situadas no entorno. Da mesma forma, um país tem limites que o separam de outros países. Esses limites indicam onde começa e termina o território.

Para definir esses limites são utilizados elementos da natureza, como rios, lagos e montanhas, ou são feitas demarcações artificiais.

Já as fronteiras correspondem à faixa do território de um país que se estende ao longo da linha de limite. As fronteiras podem ser terrestres e marítimas.

- **Fronteira terrestre**: área que um país estabelece com outros países ao longo da linha de limite.
- **Fronteira marítima**: faixa que corresponde à parte do território do país que é banhada por águas oceânicas.

Extensão dos limites do território brasileiro

Fonte: *Atlas geográfico escolar*. 6. ed. Rio de Janeiro: IBGE, 2012. p. 41.

Brincar e aprender

1 Leia as dicas para descobrir o país onde mora cada um dos personagens. Depois, localize esses países no mapa, escreva o nome deles e pinte cada um de uma cor.

Atividades

1 Encontre no diagrama de palavras o nome dos países que fazem fronteira com o Brasil.

S	W	F	H	B	T	E	D	J	I	O	L	K	M	J	N	I	O	T	E	D	F	C	A	Q	W
C	D	K	J	E	I	N	B	C	F	D	S	A	U	I	O	Y	A	Z	H	N	B	X	Z	E	R
L	L	J	O	B	O	L	Í	V	I	A	E	A	O	C	C	S	S	P	I	R	U	H	S	V	X
Y	A	P	X	B	O	L	I	V	A	R	C	H	I	T	E	U	F	E	N	O	J	M	N	B	V
O	H	G	E	R	E	N	H	E	D	I	O	K	F	P	E	R	U	S	P	E	R	X	D	T	B
I	F	G	S	V	E	N	E	Z	U	E	L	A	R	G	E	I	T	O	A	G	D	Y	R	F	W
R	S	V	M	A	L	H	O	E	R	N	Ô	T	R	E	I	N	O	B	R	U	G	P	F	C	M
H	J	A	F	S	U	R	I	N	U	S	M	B	E	U	V	A	R	R	A	A	U	J	H	G	T
P	K	V	X	I	G	U	A	I	G	E	B	V	E	N	E	M	Z	E	G	I	I	G	O	X	N
R	Q	C	O	L	A	R	G	E	U	A	I	C	O	L	O	E	B	S	U	N	A	K	Z	K	I
B	T	S	L	E	N	C	E	S	A	R	A	R	G	E	N	T	I	N	A	E	N	T	D	U	B
M	V	Y	F	I	C	O	L	B	I	R	U	Z	U	B	D	L	S	V	I	A	A	T	H	X	E
Z	F	R	D	H	Y	T	G	B	N	J	I	O	P	D	E	H	J	U	D	S	Q	A	Z	M	N
B	G	U	I	A	N	A	F	R	A	N	C	E	S	A	D	C	D	W	S	X	U	I	O	P	L

2 Com base na imagem, responda às questões.

J. L. Bulcão/ Pulsar Imagens

▶ Foz do Iguaçu, Paraná, 2012.

a) O que é fronteira?

____

____

b) A fotografia está mostrando a fronteira entre dois países. Quais são eles?

____

____

c) A seguir, assinale as alternativas corretas.

- A fotografia da página anterior está mostrando uma fronteira:

( ) terrestre ( ) marítima

3 Localize no mapa e pinte:

a) de verde o Brasil;

b) de azul o Oceano Atlântico;

c) de amarelo os países que fazem fronteira com o Brasil;

d) de vermelho os países que não fazem fronteira com o Brasil.

© DAE/Sônia Vaz

Brasil, um dos mais extensos países do mundo

Com uma **extensão territorial** de 8 515 692 quilômetros quadrados, nosso país é classificado como o quinto maior do mundo.

Observe no mapa os países mais extensos do planeta.

Mapa-múndi: países mais extensos do planeta

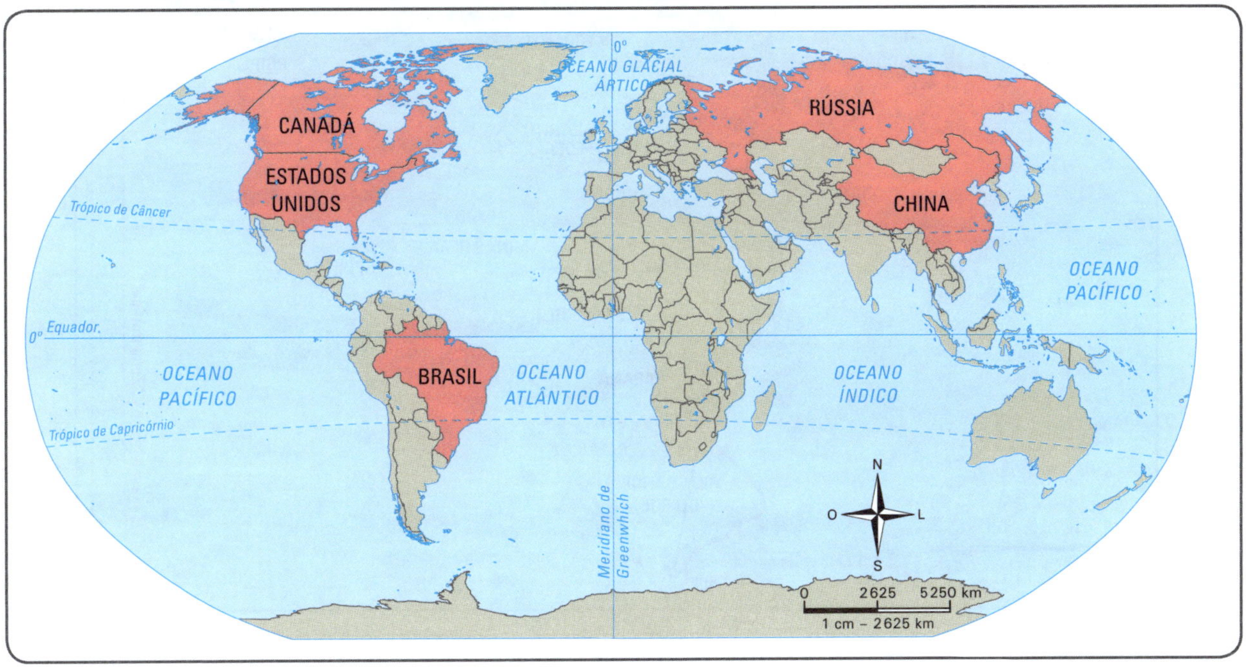

© DAE/Sônia Vaz

Fonte: *Atlas geográfico escolar*. 6. ed. Rio de Janeiro: IBGE, 2012. p. 32.

Além de ser territorialmente muito grande, o Brasil tem também um grande litoral voltado para o Oceano Atlântico. Os 7 367 quilômetros de faixa litorânea justificam o grande número de portos brasileiros, que facilitam as relações comerciais com outros países, principalmente aqueles também banhados por esse oceano, como os Estados Unidos e as nações europeias.

O Brasil é bastante extenso tanto no sentido norte-sul quanto no sentido leste-oeste. Observe no mapa as distâncias em quilômetros entre esses pontos extremos, isto é, os locais mais ao norte, ao sul, a leste e a oeste.

Os **pontos extremos** do Brasil são:

- ao norte, a nascente do Rio Ailã em Roraima;
- a oeste, a nascente do Rio Moa no Acre;
- a leste, a Ponta do Seixas na Paraíba;
- ao sul, o **Arroio** Chuí no Rio Grande do Sul.

Vocabulário

Arroio: riacho, pequeno rio.

Brasil: pontos extremos

Fonte: IBGE. Disponível em: <http://7a12.ibge.gov.br/en/vamos-conhecer-o-brasil/nosso-territorio/brasil-no-mundo>. Acesso em: jun. 2015.

▶ Cachoeira no Rio Ailã. Uiramutã, Roraima, 2014.

Ao observarmos a distância entre o ponto mais ocidental (oeste) e o ponto mais oriental (leste), e entre o ponto mais setentrional (norte) e o ponto mais meridional (sul), fica evidente a grande extensão do Brasil. Essa extensão pode ser confirmada pelos vários tipos de clima e vegetação – e, consequentemente, pelas mais variadas paisagens.

A grande extensão territorial é responsável pela grande diversidade de recursos naturais, como minérios, fauna, flora e solo. No entanto, a necessidade de uma rede de transporte eficiente (ferrovias, rodovias, hidrovias e aeroportos) para vencer as distâncias é grande.

Cácio Murilo

▶ Na Ponta do Seixas fica o ponto extremo leste do território continental brasileiro. João Pessoa, Paraíba, 2012.

Rogerio Reis/Tyba

▶ Vista do Arroio Chuí do lado uruguaio. Na outra margem, o ponto extremo sul do território brasileiro. Fronteira entre o Brasil e o Uruguai, 2012.

Andre Dib /Pulsar Imagens

▶ Rio Moa, no Parque Nacional da Serra do Divisor. Cruzeiro do Sul, Acre, 2013.

Para ir mais longe

Livros

- *Meu primeiro atlas – Descubra o Brasil e o mundo*, de Lisa Regan. São Paulo: Girassol, 2011.
  O livro ensina como usar mapas e apresenta diversos fatos interessantes, curiosidades de todos os continentes e muita informação sobre o Brasil.
- *Viagem pelo Brasil em 52 histórias*, de Silvana Salerno. São Paulo: Companhia das Letrinhas, 2006.
  Cada narrativa contém quadros explicativos, ilustrados com fotografias e desenhos, que retratam a geografia, a botânica, a zoologia, a história, a economia e a cultura do país.

Cia. das Letrinhas

Atividades

1 Observe a imagem e leia a legenda.

Gerson Gerloff/Pulsar Imagens

▶ Arroio Chuí desaguando no mar. Chuí, Rio Grande do Sul, 2013.

a) Qual é o destaque geográfico do Arroio Chuí?

____

b) Onde ele está localizado?

____

c) Quais são os outros pontos extremos do Brasil?

____

____

2 Observe os gráficos e responda às questões a seguir.

Extensão territorial (km²)

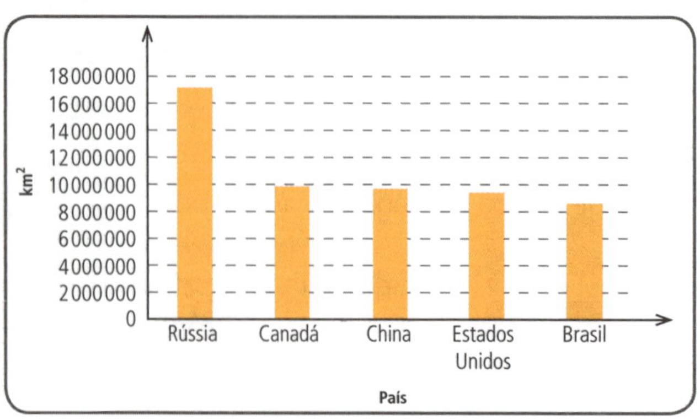

Fonte: IBGE. Disponível em: <www.ibge.gov.br/paisesat/main_frameset.php>. Acesso em: dez. 2014.

Países mais populosos do mundo

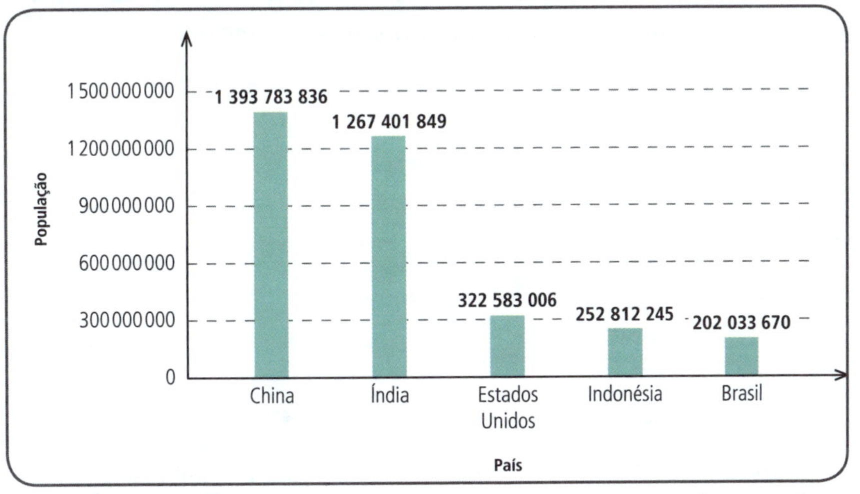

Fonte: IBGE. Disponível em: <www.ibge.gov.br/paisesat/main_frameset.php>. Acesso em: dez. 2014.

a) Cite um país que seja mais extenso que o Brasil e que tenha uma população maior que a do nosso país.

____

b) Cite um país que seja mais extenso que os Estados Unidos e que tenha uma população mais numerosa que a dos estadunidenses.

____

c) No continente americano, há três países que estão entre os maiores do mundo. Que países são esses?

____

d) Escolha um dos países mostrados nos gráficos e pesquise na internet informações sobre ele, como tradições culturais e pontos turísticos de destaque. Em sala de aula, junte-se com os colegas que escolheram o mesmo país e façam uma apresentação para a turma.

Divisão política do Brasil

O Brasil é formado por **26 estados e pelo Distrito Federal**, onde se localiza Brasília, a capital do país. Para uma cidade ser capital, ela precisa ser a sede do governo.

Esses estados e o Distrito Federal são chamados de unidades federadas, pois têm certa **autonomia**. Cada um deles tem a própria Constituição, que deve estar de acordo com a Constituição Federal.

Vocabulário

Autonomia: nesse contexto, direito relativo de estabelecer ou organizar as próprias leis (entre outros significados).

A Constituição Federal, conjunto das leis de uma nação, declara o que compete ao país, aos estados e aos municípios. Ela estabelece a forma de governo e as responsabilidades dos poderes públicos, bem como os direitos e deveres dos indivíduos.

Veja no mapa a divisão político-administrativa do Brasil e localize o estado onde você vive.

Brasil: político

Fonte: *Atlas geográfico escolar*. 6. ed. Rio de Janeiro: IBGE, 2012. p. 90.

Olho vivo!

Conforme você pôde observar, a dimensão dos estados varia. Há estados de grande extensão, como Amazonas e Pará, e estados de pequena extensão, como Sergipe e Alagoas.

Para ir mais longe

Site

- *IBGE.* <http://7a12.ibge.gov.br/vamos-conhecer-o-brasil>. Página com informações geográficas gerais sobre o território e a população do Brasil.
- *Quebra-cabeças IBGE.* <http://7a12.ibge.gov.br/brincadeiras/quebra-cabeca-mapas>. O *site* apresenta jogos de quebra-cabeça: Brasil, Brasil (difícil), América do Sul e Mundo.

Baú de informações

A **organização política** do Brasil sofreu alterações no decorrer da história. O território de alguns estados foi dividido e originou outros estados.

A última mudança na organização política do Brasil aconteceu em 1988, quando foi publicada a Constituição brasileira. A partir desse ano foi criado o estado de Tocantins, desmembrado do estado de Goiás, e os territórios do Amapá e de Roraima foram transformados em estados.

Antes disso, em 1977, o estado do Mato Grosso foi dividido em dois: Mato Grosso e Mato Grosso do Sul.

Brasil: político (1945)

Fonte: Gisele Girardi e Jussara Vaz Rosa. *Atlas geográfico escolar*. São Paulo: FTD, 2011. p. 21.

Agora responda quais alterações você observa na configuração política de:

a) Rondônia, Roraima e Amapá;

____

b) o estado de Mato Grosso;

____

c) o estado de Goiás.

____

NaRede

Vamos conhecer algumas características do estado onde você vive? Organize um quadro com informações referentes, por exemplo, à capital, sigla do estado, bandeira, ao hino e aos dados relativos à população e às atividades econômicas. Seguem algumas sugestões de *sites* para sua coleta de dados.

- http://7a12.ibge.gov.br/especiais/estados
- www.ibge.gov.br/estadosat

Verifique um modelo para a construção do quadro comparativo.

Estado	Sigla	Capital	População	Economia

Brincar e aprender

1 Faça uma pesquisa de acordo com as dicas e complete o diagrama com o nome das capitais dos estados brasileiros.

1. Capital do estado cujos habitantes são chamados de capixabas.

2. Capital do estado do Paraná.

3. Capital do menor estado brasileiro em extensão.

4. Capital do estado cuja sigla é MS.

5. Cidade onde fica o Pão de Açúcar e o Cristo Redentor.

6. Capital do estado do Mato Grosso.

7. Capital do estado de Pernambuco.

8. Capital do estado cuja sigla é RO.

9. Única capital brasileira totalmente no Hemisfério Norte.

10. A Linha do Equador passa por esta capital.

11. Capital do estado de Alagoas.

12. A capital tem esse nome porque foi fundada em um dia 25 de dezembro.

13. Capital situada no litoral catarinense.

14. É a capital estadual mais recente do país.

15. Capital do estado cuja sigla é PA.

16. Capital conhecida por sua sigla: BH.

17. Capital do estado que abriga Brasília, a capital do país.

18. Capital do estado brasileiro mais extenso.

19. Capital do estado da Bahia.

20. Capital do estado cuja sigla é AC.

21. Capital do estado que se limita com o Paraná ao norte.

22. Capital do estado cuja sigla é MA.

23. Cidade brasileira onde o Sol nasce primeiro.

24. Única capital nordestina que não é banhada pelo Oceano Atlântico.

25. Capital do único estado que faz fronteira com o Uruguai.

26. Capital do estado do Ceará.

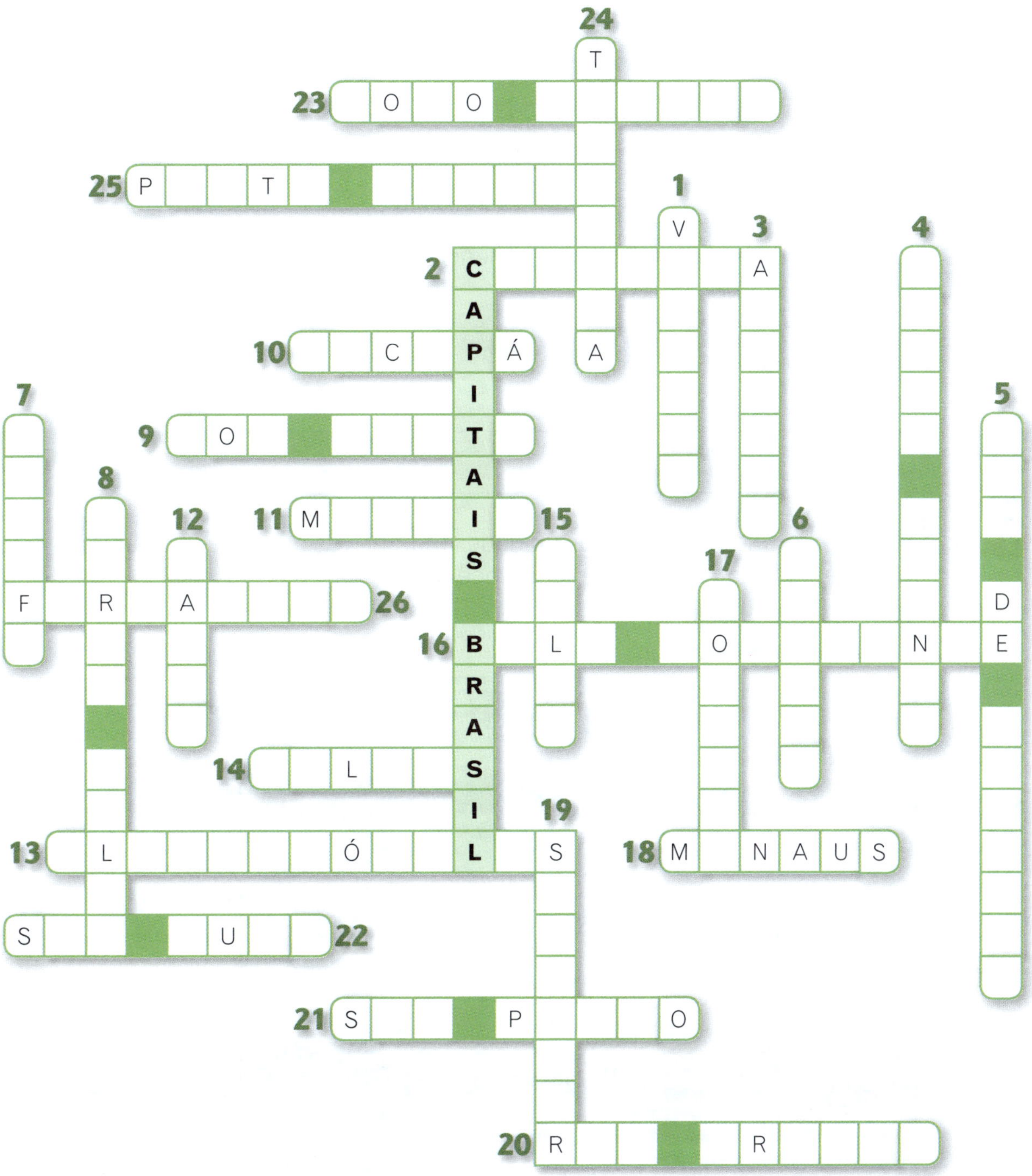

2 Recorte os estados brasileiros da página 209 e cole-os no mapa da página 207 em uma folha de cartolina. Depois recorte os estados brasileiros e monte um quebra-cabeça.

Atividades

1 Complete as lacunas a seguir.

a) O Brasil está dividido em 26 estados e um ______________________, onde está localizada ______________________, a capital do país.

2 Observe o mapa da página 24 e responda:

a) Qual é o estado brasileiro mais extenso em área?

____

b) Qual é o estado brasileiro que tem a menor extensão em área?

____

c) Quais estados fazem limite com o seu?

____

____

3 No caderno, identifique o nome das unidades federativas que estão faltando no mapa do Brasil. Depois, pinte a unidade onde você mora.

Brasil: político

Fonte: *Atlas geográfico escolar*. 6. ed. Rio de Janeiro: IBGE, 2012. p. 90.

Brasil: forma de governo

O Brasil é uma **república federativa**, porque está dividida em estados que formam uma federação:

- **constitucional**, porque todos os brasileiros obedecem a uma Constituição, isto é, um conjunto de leis que garantem direitos e deveres a toda a população;
- **presidencialista**, porque é governada por um presidente, escolhido pela população em uma eleição.

A república brasileira está organizada em **três poderes**.

- O **Executivo**,
  - chefiado pela presidenta ou pelo presidente da República, escolhido pela população por meio de eleições;
  - assessorado pelos ministros.
- O **Legislativo**, composto, por meio de eleições, de:
  - deputados;
  - senadores.
- O **Judiciário**, formado por:
  - juízes;
  - desembargadores.

Ubirajara Machado/Olhar Imagem

Praça dos Três Poderes. Brasília, Distrito Federal, 2010.

Poder Executivo: tem a função de administrar e governar.

Municípios: prefeito	Estados: governador	Federação (país): presidente
 Delfim Martins/Pulsar Imagens ▶ Sede da prefeitura do município de Ilhéus, Bahia, 2014.	 Cesar Diniz/Pulsar Imagens ▶ Sede do governo do estado do Maranhão. São Luís, Maranhão, 2014.	 Andre Dib/Pulsar Imagens ▶ Palácio do Planalto, sede do governo federal. Brasília, Distrito Federal, 2014.

Poder Legislativo: tem a função de elaborar as leis e fiscalizar o poder executivo.

Municípios: vereadores	Estados: deputados estaduais	Federação (país): deputados federais e senadores
 Marcia Minillo./Olhar Imagem ▶ Câmara Municipal do município de Barueri, São Paulo, 2014.	 Cesar Diniz/Pulsar Imagens ▶ Assembleia Legislativa do estado do Tocantins. Palmas, Tocantins, 2013.	 Erbs Jr./ Frame/Folhapress ▶ Congresso Nacional, sede do Poder Legislativo federal. Brasília, Distrito Federal, 2014.

Poder Judiciário: tem a função de julgar de acordo com a lei.

	Estados: juízes estaduais	Federação (país): juízes
Municípios: não existe Poder Judiciário municipal.	 Alexandre Gondim/JC Imagem/Folhapress ▶ Sede do Tribunal Regional Eleitoral de Pernambuco. Recife, Pernambuco, 2010.	 Rubens Chaves/Folhapress ▶ Sede do Supremo Tribunal Federal. Brasília, Distrito Federal, 2013.

Valores e vivências

Todos os brasileiros – empresários, políticos, professores e alunos, todos mesmo, nas diversas idades, funções e classes sociais – devem estar conscientes de seus deveres e lutar pelos seus direitos. Cada um, a seu modo, deve participar e tentar melhorar o dia a dia da comunidade. Afinal, como é que uma criança pode exercer sua **cidadania** se ainda não tem idade para votar? Como pode ajudar o próximo se ela não tem dinheiro nem independência?

Cada pessoa tem um dom especial, então é só usar a criatividade e explorar suas qualidades em benefício de outras pessoas! Como assim? Algumas crianças são boas alunas e encontram facilidade em determinadas disciplinas do colégio; podem, assim, dar umas aulinhas e, com boa vontade e paciência, ajudar os colegas que têm dificuldade. Outras se reúnem em grupos e vão visitar idosos ou menores abandonados em asilos, hospitais e creches, levando carinho e alegria, por exemplo.

Segundo pesquisa de uma empresa chamada Kanitz & Associados, 7% dos jovens brasileiros realizam algum tipo de trabalho voluntário (espontâneo, sem cobrar nada em troca) e há até alguns grupos que incentivam a integração das pessoas, a solidariedade e a cooperação, sabia?

Fernando Favoretto/Criar Imagem

▶ Crianças em ação voluntária de conscientização ambiental. São Bernardo do Campo, São Paulo, 2015.

Vocabulário

Cidadania: conjunto de direitos e deveres aos quais uma pessoa está sujeita quando vive em coletividade. São exemplos de direitos: acesso à saúde, à educação, à moradia, à segurança, ao lazer, ao vestuário, à alimentação e ao transporte. Entre os deveres, podem ser citados: cumprir as leis e respeitar os direitos de outras pessoas.

Atividades

1 Explique por que o Brasil é considerado uma república:

a) federativa

____

____

b) constitucional

____

____

c) presidencialista

____

____

2 No que se refere aos poderes políticos, relacione as colunas.

a) federal

b) estadual

c) municipal

( ) prefeitos e vereadores

( ) presidente, senadores e deputados federais

( ) governador e deputados estaduais

3 Represente por meio de desenho uma iniciativa que você considera importante a prefeitura tomar em seu município. Escreva uma frase explicativa.

Um pouco mais sobre...

Leia o texto a respeito das questões referentes à importância do voto e do direito de votar.

O privilégio de votar é uma das maiores conquistas do cidadão brasileiro. Uma vitória significativa. [...]

Ao longo da história [...], expandiu-se e restringiu-se o universo dos que tinham o direito de votar, de acordo com a diretriz política de cada época.

Com o tempo e a evolução da legislação, corrigiu-se a injustiça que afastava das urnas de votação mulheres, negros, analfabetos, religiosos e indígenas.

Hoje, pode votar todo brasileiro maior de 16 anos – independentemente de sexo, religião, etnia ou condição social. Significa que todos têm papel ativo na democracia e desfrutam do direito constitucional de escolher seus dirigentes e representantes. [...]

A evolução do voto no Brasil. Disponível em: <www.tse.jus.br/institucional/a-justica-eleitoral>. Acesso em: jun. 2014.

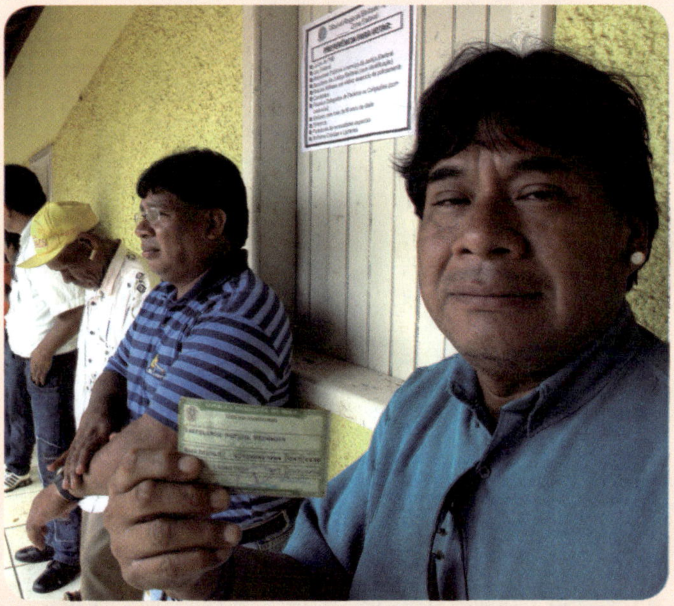

Renato Soares/Imagens do Brasil

Indígena xavante mostra seu Título Eleitoral. Primavera do Leste, Mato Grosso, 2010.

1. Em nosso país o voto é obrigatório. Há situações em que ele é facultativo (não obrigatório)? Pesquise para responder a essa questão no caderno.

2. Leia o *slogan* da campanha e justifique sua importância.

____

____

____

____

Tribunal Regional Eleitoral do Mato Grosso do Sul

Revendo o que você aprendeu

1 Complete as lacunas a seguir.

a) Nosso país, o ________________, está localizado na porção sul do continente denominado ________________.

b) O território brasileiro é banhado pelo Oceano ________________.

2 Pinte a localização dos pontos extremos do Brasil de acordo com a legenda.

Leste ■ Oeste ■ Norte ■ Sul ■

a) ☐ Arroio Chuí (RS)

b) ☐ Ponta do Seixas (PB)

c) ☐ Serra da Contamana

d) ☐ Monte Caburaí

3 Assinale um **X** na alternativa correta.

a) O país mais extenso da América do Sul é:

- ☐ Venezuela
- ☐ Argentina
- ☐ Chile
- ☐ Brasil

b) Os dois países da América do Sul que não se limitam com o Brasil são:

- ☐ Suriname e Colômbia
- ☐ Peru e Bolívia
- ☐ Chile e Equador
- ☐ Argentina e Uruguai

4 Escreva **V** para a informação verdadeira, e **F** para a falsa.

a) ☐ O Brasil é o maior país com maior número de habitantes.

b) ☐ O Brasil limita-se ao sul com o Uruguai.

c) ☐ O Brasil tem fronteiras terrestres e marítimas.

d) ☐ O Oceano Pacífico banha o Brasil.

5 Escreva o nome dos estados brasileiros que não são banhados pelo Oceano Atlântico.

6 Leia o trecho a seguir e responda às questões.

> [...] No dia 2 de outubro de 1956, em campo aberto, o presidente Kubitschek assinou o primeiro ato no local da futura capital, lançou então a seguinte proclamação: "Deste planalto central, desta solidão que em breve se transformará em cérebro das altas decisões nacionais, lanço os olhos mais uma vez sobre o amanhã do meu país e antevejo esta alvorada com fé inquebrantável e uma confiança sem limites no seu grande destino". [...]
>
> Disponível em: <http://conae.mec.gov.br/index.php?option=com_content&view=article&id=330:historia-de-brasilia&catid=99:informacoes-sobre-brasiliaHist%C3%B3ria%20www.setur.df.gov.br>. Acesso em: dez. 2014.

a) A qual local o presidente se referia?

b) Onde Brasília está localizada?

c) Que funções estão concentradas em Brasília, capital do país?

7 Observe a imagem a seguir e responda: A fotografia mostra uma fronteira terrestre ou marítima? Justifique.

Ernesto Reghran/Pulsar Imagens

Ponte Internacional da Amizade sobre o Rio Paraná, que liga Foz do Iguaçu, no Brasil, à Ciudad del Este, no Paraguai. Fotografia de 2015.

CAPÍTULO 2

A população brasileira

Diálogo inicial

Observe a tela.

Acervo Artístico-Cultural dos Palácios do Governo do Estado de São Paulo, São Paulo, SP/fotografia: Romulo Fialdini

▶ Tarsila do Amaral. *Operários*, 1933. Óleo sobre tela, 1,5 × 2,05 m.

Agora responda oralmente às questões.

1. Que elementos foram representados pela artista Tarsila do Amaral?

2. A tela apresenta aspectos da diversidade da população brasileira? Justifique.

A população

A população de um país é o conjunto de todas as pessoas que nele habitam.

A população brasileira é formada por todos os indivíduos que nasceram e moram no Brasil (os **brasileiros natos**) e pelos imigrantes (pessoas que nasceram em outro país, mas moram no Brasil).

Os imigrantes formam dois grupos distintos: os **naturalizados**, que solicitaram a cidadania brasileira e têm todos os direitos e deveres de um brasileiro nato; e os **estrangeiros**, que mantêm a cidadania do país de origem.

Fernando Favoretto/Criar Imagem

A educação é um direito garantido a todos os brasileiros. São Paulo, São Paulo, 2013.

Gerson Gerloff/Pulsar Imagens

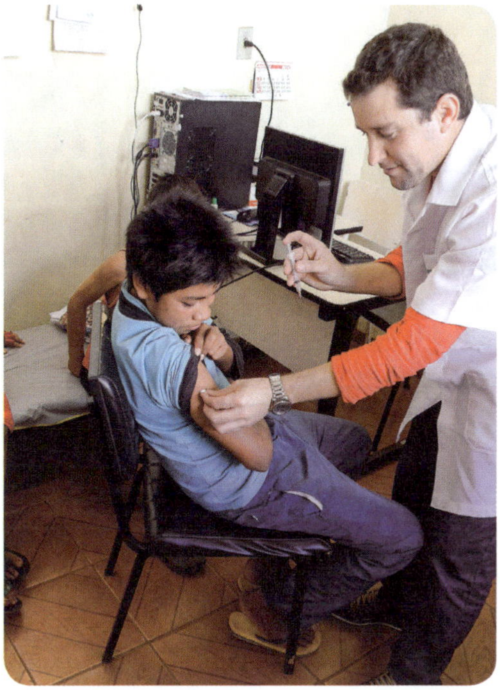

Enfermeiro aplica vacinas em crianças da etnia kaingang. A saúde é um direito garantido a toda a população brasileira. Redentora, Rio Grande do Sul, 2014.

O tamanho da população brasileira

De acordo com o Instituto Brasileiro de Geografia e Estatística (**IBGE**), em 2014 o Brasil tinha pouco mais de 202 milhões de habitantes, fato que o coloca entre os países com maior população do mundo. Observe no planisfério da página seguinte os dez países mais **populosos** do mundo, segundo dados de 2014.

Vocabulário

IBGE: instituto de pesquisa que realiza os censos demográficos e econômicos.

Populoso: que tem grande população absoluta, ou seja, local (município, região ou país, por exemplo) com grande quantidade de pessoas.

Mapa-múndi: os dez países mais populosos (2014)

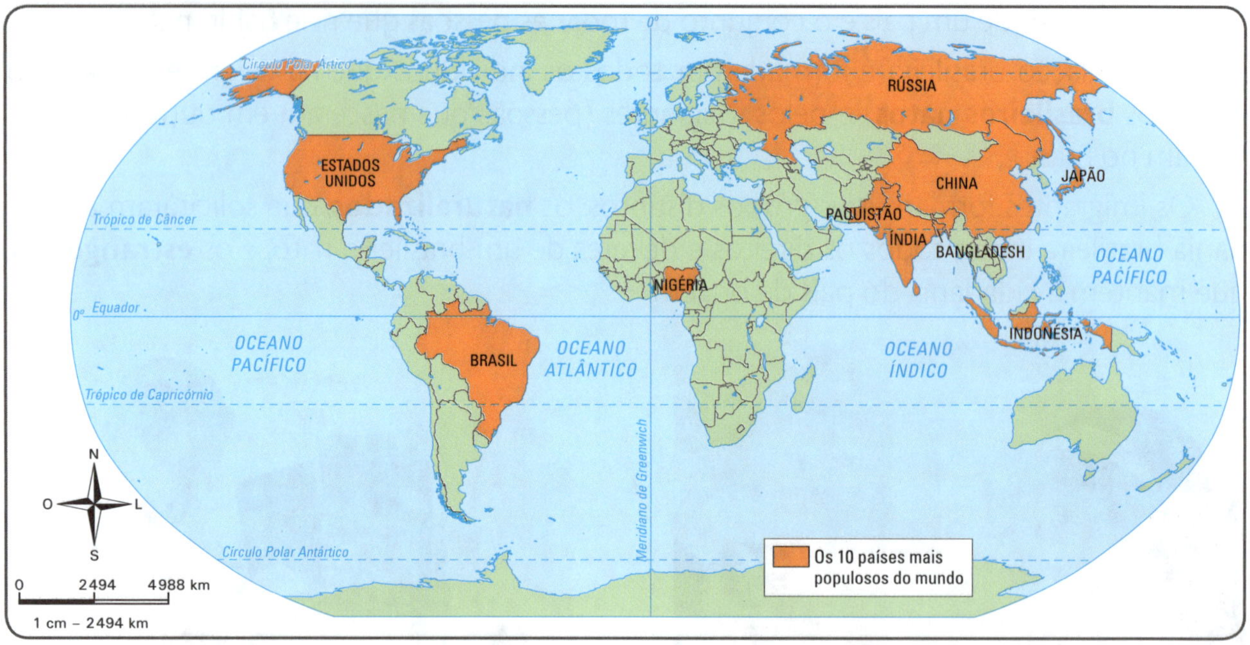

Fonte: IBGE Países. Disponível em: <www.ibge.gov.br/paisesat/main_frameset.php>. Acesso em: dez. 2014.

Os dez países mais populosos do mundo (2014)			
País	**População**	**País**	**População**
1. China	1 393 783 836	6. Paquistão	185 132 926
2. Índia	1 267 401 849	7. Nigéria	178 516 904
3. Estados Unidos	322 583 006	8. Bangladesh	158 512 570
4. Indonésia	252 812245	9. Federação Russa	142 467 651
5. Brasil	202 033 670	10. Japão	126 999 808

Fonte: IBGE Países. Disponível em: <www.ibge.gov.br/paisesat/main_frameset.php>. Acesso em: dez. 2014.

A cada 10 anos, o IBGE faz a contagem e totalização do número de habitantes no Brasil levantando dados como idade e ocupação. Essa atividade é denominada **Censo demográfico** ou **recenseamento** e é feita para obter informações sobre quem são os brasileiros, quantos são, onde estão e como vivem.

Olho vivo!

Planisfério é o nome dado a um tipo de mapa que registra a divisão do mundo em países, continentes e oceanos. O planisfério mostrado anteriormente mostra a organização do mundo em países, por isso é chamado de **planisfério político**.

Os dados obtidos pelo recenseador são muito importantes para o país. Os resultados do Censo são usados pelos governos e órgãos públicos no planejamento de ações para os anos seguintes. Por isso, é muito importante receber bem o recenseador em nossa casa e responder corretamente às perguntas feitas por ele.

Entre um censo e outro, o IBGE faz vários outros levantamentos com o objetivo de conhecer a população brasileira cada vez com mais detalhes.

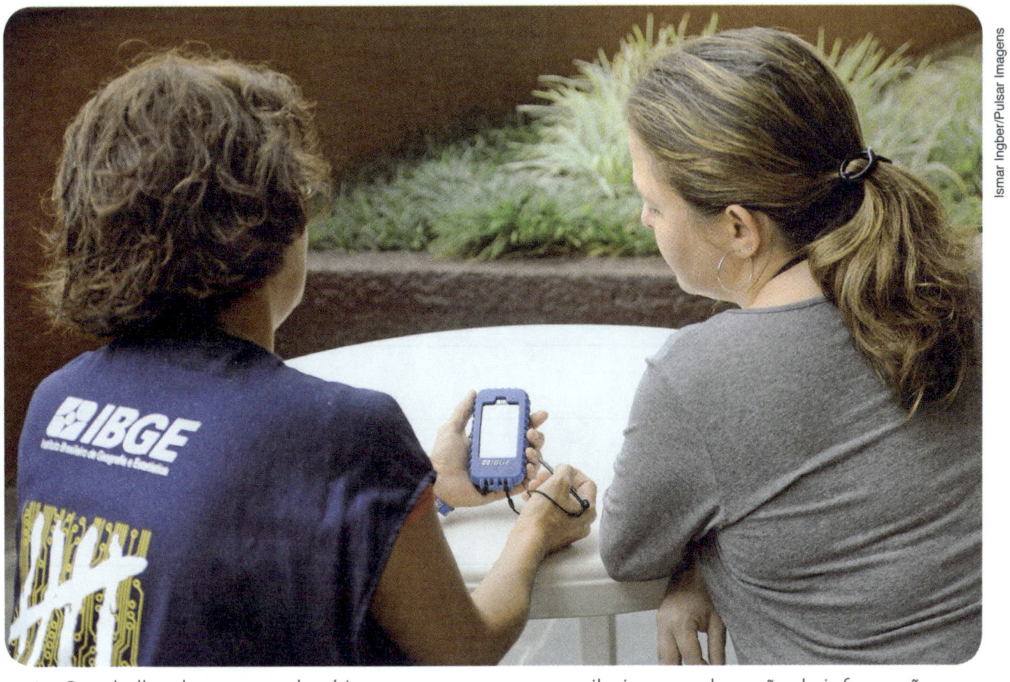

Ismar Ingber/Pulsar Imagens

O trabalho do recenseador é importante porque contribui para a obtenção de informações das características da população brasileira. Rio de Janeiro, Rio de Janeiro, 2010.

Valores e vivências

De acordo com a Lei nº 5.534 de 1968, todo cidadão brasileiro deve responder às pesquisas do IBGE. O instituto, no entanto, deve manter sigilo das respostas individuais.

Para identificar o recenseador é importante verificar se o profissional utiliza um colete azul com a logomarca do Censo nas costas e tem um crachá com a fotografia, o nome e o número da identidade dele.

Ao responder corretamente ao Censo, ajudamos a melhorar a distribuição das verbas para as escolas públicas. Além disso, os números são úteis nos programas de saúde, porque pela análise dos dados do recenseamento é possível planejar melhor os programas sociais, de modo que atendam às pessoas que necessitem deles em todas as partes do país.

Atividades

1 Responda às questões.

a) Por que o Brasil é considerado um país populoso?

___

___

b) Quais são os cinco países mais populosos do mundo?

___

___

c) O que é o Censo demográfico?

___

___

___

___

d) Por que é importante saber quantos habitantes há no Brasil?

___

___

___

___

e) Qual é o órgão do governo responsável pela execução e divulgação dos resultados do Censo demográfico?

___

___

2 Complete os espaços.

Os indivíduos que nasceram e moram no Brasil são chamados de brasileiros ______________________. Imigrantes que solicitaram cidadania brasileira são considerados brasileiros ______________________.

Crescimento e distribuição da população brasileira

Os dados dos recenseamentos da população brasileira demonstram um aumento no número de habitantes no Brasil. Observe no gráfico o período representado entre o primeiro censo, em 1872, e o último, em 2010. O próximo deverá ocorrer em 2020, considerando os intervalos de 10 anos.

Brasil: evolução da população residente (1872 - 2010)

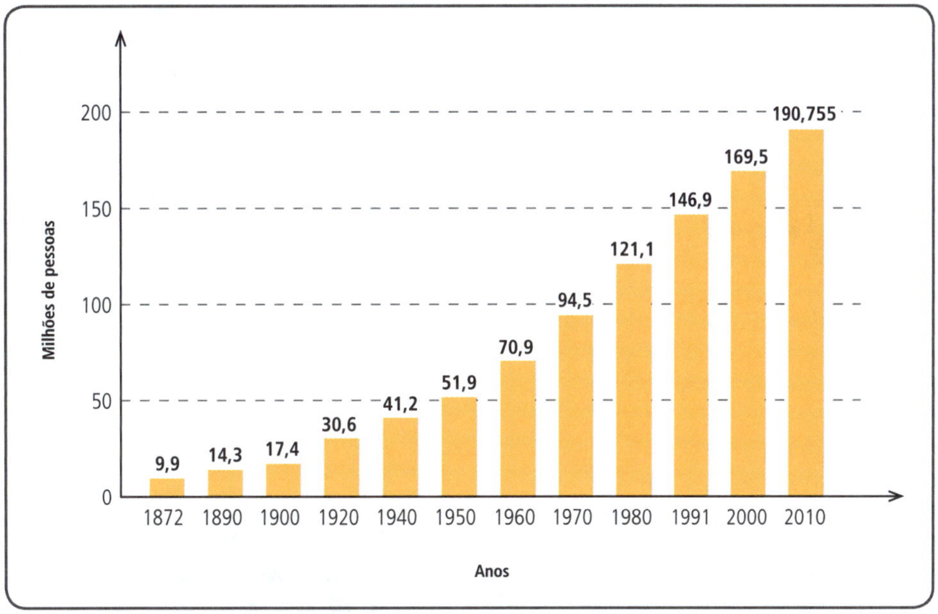

Fonte: IBGE. Disponível em: <http://seriesestatisticas.ibge.gov.br/series.aspx?no=10&op=0&vcodigo=CD90&t=populacao-presente-residente>. Acesso em: jul. 2015.

Como você pode observar no gráfico, a cada recenseamento ou contagem houve aumento da população. Em 1872, a população brasileira era cerca de 9,9 milhões, e esse número foi crescendo. Em 2010, o total da população já era de mais de 190 milhões.

O crescimento da população nos últimos anos resulta, principalmente, de um fator natural: a diferença entre o número de nascimentos (natalidade) e o de mortes (mortalidade). No Brasil, a taxa de natalidade é um pouco superior à de mortalidade, ocasionando um aumento do número de habitantes no país.

Até as décadas de 1970 e 1980, o número de nascimentos era elevado, e as famílias, numerosas. Era comum os casais terem muitos filhos. Atualmente, essa situação se modificou, as famílias passaram a ter menos filhos.

Vocabulário

Taxa de fecundidade: de acordo com o IBGE, é a estimativa do número médio de filhos que uma mulher teria até o fim do período reprodutivo (entre 15 e 49 anos).

Observe na fotografia e na ilustração como o número de filhos por família vem diminuindo no Brasil.

Acervo Iconographia

▶ Fotografia de álbum de família, c. 1905.

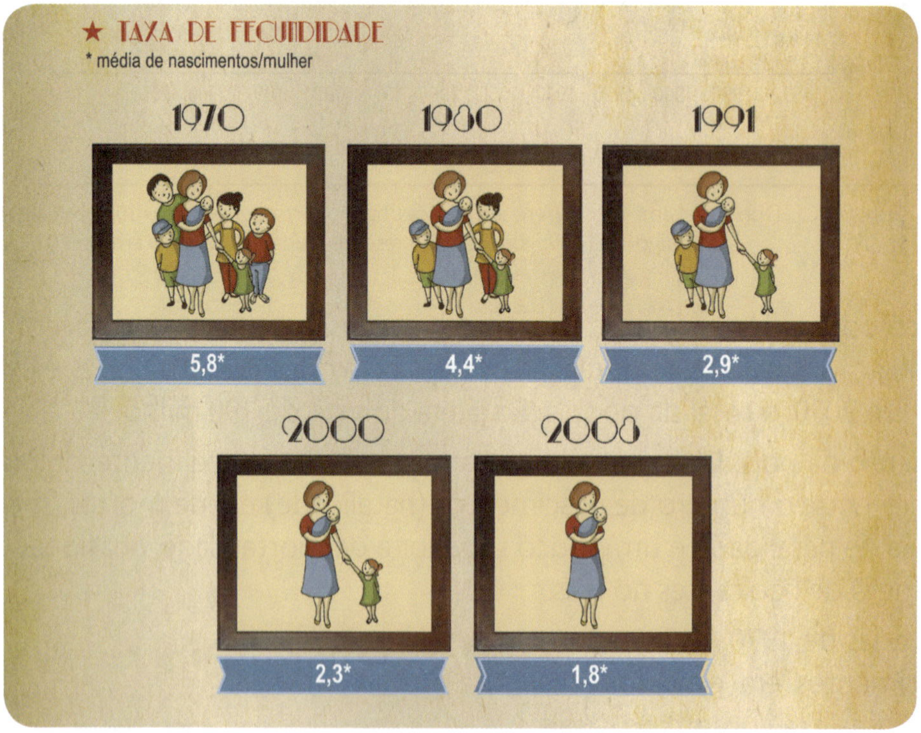

Giovanna Angerami/Designer e Karla Link/Ilustradora

Mas onde vive a população brasileira? Ela não se encontra distribuída uniformemente por todo o território: algumas áreas são muito povoadas, e em outras há menor número de habitantes. As regiões próximas ao litoral e as urbanas concentram a maior parte dos habitantes do país.

De forma geral, as maiores concentrações populacionais coincidem com locais que oferecem melhores condições de vida e oportunidade de trabalho. A relação entre a população e a área territorial denomina-se **densidade demográfica**.

Embora seja muito **populoso** (tenha muitos habitantes), o Brasil é pouco **povoado**, ou seja, tem poucos habitantes por quilômetro quadrado, o que demonstra baixa densidade demográfica.

Veja como é calculada a densidade demográfica.

$$\frac{\textbf{População brasileira em 2014}}{\textbf{Área total do Brasil}} \qquad \frac{202\,033\,670 \text{ habitantes}}{8\,514\,877 \text{ km}^2 \text{ (quilômetros quadrados)}} = 23{,}7 \text{ hab./km}^2 \text{ (habitantes por quilômetro quadrado)}$$

Walmir Cirne/Coofiav/Folhapress

▶ Festa religiosa no Largo do Pelourinho concentra muitas pessoas. Salvador, Bahia, 2014.

Sergio Pedreira/Pulsar Imagem

▶ Poucos pedestres no Largo do Pelourinho, Salvador, Bahia, 2013.

Para ir mais longe

Site

- *IBGE Teen.* <http://teen.ibge.gov.br>. Voltado ao público jovem, o *site* contém informações estatísticas e geográficas sobre o país e a população, numa linguagem simples e direta.

Cartografia

1 Observe o mapa e responda às questões.

Brasil: densidade demográfica (2010)

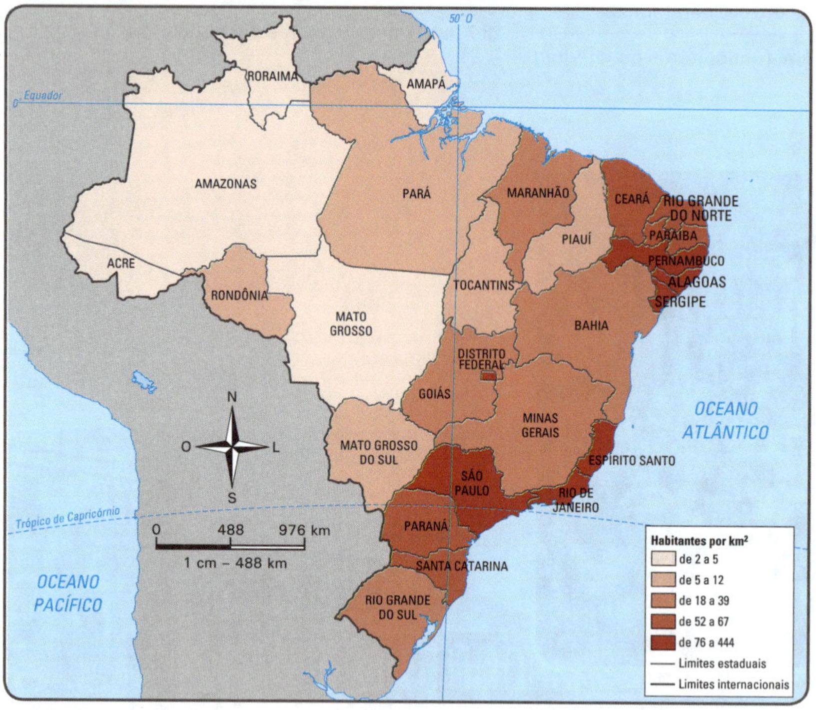

Fonte: Elaborado com base em dados fornecidos no Censo Demográfico 2010, IBGE. Disponível em: <www.censo2010.ibge.gov.com/sinopse/index/php?dados=10&uf=O>. Acesso em: ago. 2015.

Olho vivo!

A legenda é um texto explicativo. Ela pode ser utilizada em mapas e gráficos para explicar as cores e os símbolos, traços ou pontos que aparecem na representação.

A legenda

No mapa ao lado – Brasil: densidade demográfica (2010) –, a cor mais clara representa áreas do Brasil que têm entre 2 e 5 habitantes por quilômetro quadrado. Já o vermelho mais escuro representa as áreas mais populosas, com mais de 76 até 444 habitantes por quilômetro quadrado.

a) O que o mapa representa?

____

____

b) Qual foi a técnica utilizada para a representação das diferentes informações no mapa?

____

c) De que forma podemos diferenciar no mapa as áreas de maior e de menor densidade demográfica?

____

____

Atividades

1 Assinale com um **X** as afirmativas corretas.

a) ( ) O Brasil é um dos países mais populosos do mundo.

b) ( ) O México tem a maior população do mundo.

c) ( ) A população brasileira registra um crescimento do número de habitantes.

d) ( ) A população se distribui de forma irregular pela superfície do planeta.

e) ( ) O Brasil é um país povoado.

2 O que é densidade demográfica?

____

____

____

____

3 Leia as informações da tabela e responda às questões.

Estado	População total (estimativa 2014)	Densidade demográfica
São Paulo	44 035 304	166,23
Minas Gerais	20 734 097	33,41
Rio de Janeiro	16 461 173	365,23

Fonte: IBGE. Disponível em: <www.ibge.gov.br/estadosat/index.php>. Acesso em: jul. 2015.

a) Qual é o estado mais populoso entre os apresentados? Por quê?

____

____

b) Qual é o estado mais povoado? Por quê?

____

____

4 Observe as fotografias e registre suas conclusões a respeito da população brasileira.

Museu da Imigração do Estado de São Paulo, São Paulo

▶ Família no início do século XX. São Paulo, São Paulo, c. 1920.

Leo Drummond/Nitro

▶ Família em Cuiabá, Mato Grosso, 2012.

____

____

____

Outras características da população brasileira

Ao estudar a população podemos analisar diferentes aspectos. Observe uma característica populacional do Brasil.

Brasil: taxa de urbanização

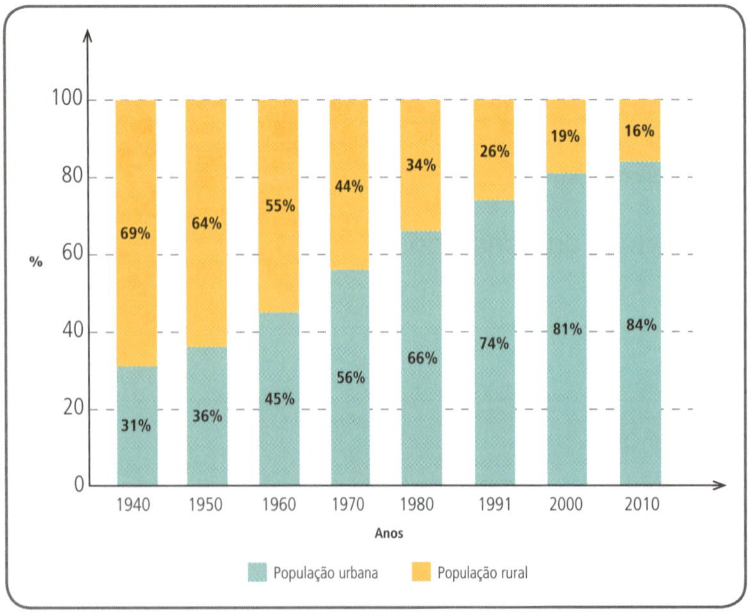

Fonte: *Atlas geográfico escolar – Ensino Fundamental do 6º ao 9º ano.* Rio de Janeiro: IBGE, 2010. p. 29; Censo 2010. Disponível em: <www.censo2010.ibge.gov.br>. Acesso em: jul. 2015.

Olho vivo!

Em um gráfico de barras, os retângulos (alturas) que representam as quantidades têm tamanho proporcional aos valores representados.

Foi somente a partir de 1970 que o número de habitantes nas cidades ficou maior do que o número de habitantes na zona rural.

Podemos afirmar que o Brasil é um país urbano, ou seja, a maior parte da população vive em cidades. A urbanização é resultado da industrialização do país e também do fato de a indústria ter se tornado o setor mais importante da economia nacional.

Baú de informações

[...] Até 1950 o Brasil era um país de população, predominantemente, rural. As principais atividades econômicas estavam associadas à exportação de produtos agrícolas, dentre eles o café. A partir do início do processo industrial, em 1930, começou a se criar no país condições específicas para o aumento do êxodo rural. Além da industrialização, também esteve associado a esse deslocamento campo-cidade, dois outros fatores, como a **concentração fundiária** e a mecanização do campo.

A partir de 1970, mais da metade dos brasileiros já se encontrava em áreas urbanas, cuja oferta de emprego e de serviços, como saúde, educação e transporte, eram maiores. Em 60 anos, a população rural aumentou cerca de 12%, enquanto [..] a população urbana passou de 13 milhões de habitantes para 138 milhões. [...]

Leonardo Delfim Gobbi. *Urbanização brasileira*. Globo.com. Disponível em: <http://educacao.globo.com/geografia/assunto/urbanizacao/urbanizacao-brasileira.html>. Acesso em: jun. 2015.

Vocabulário

Concentração fundiária: concentração de terras; grande quantidade de terras nas mãos de poucos proprietários.

A composição da população por idade

Outro fator importante quando estudamos a população é a idade dos habitantes, ou seja, sua **estrutura etária**. Observe no gráfico ao lado.

A porcentagem de população jovem entre 0 e 14 anos tem diminuído em nosso país, resultado da redução da estimativa do número médio de filhos. Alguns fatores que explicam a redução na quantidade de pessoas dessa faixa etária são: melhor planejamento familiar, uso de métodos contraceptivos (que impedem a gravidez indesejada) e maior participação da mulher no mercado de trabalho.

Brasil: distribuição da população por grupos etários (1950 - 2050)

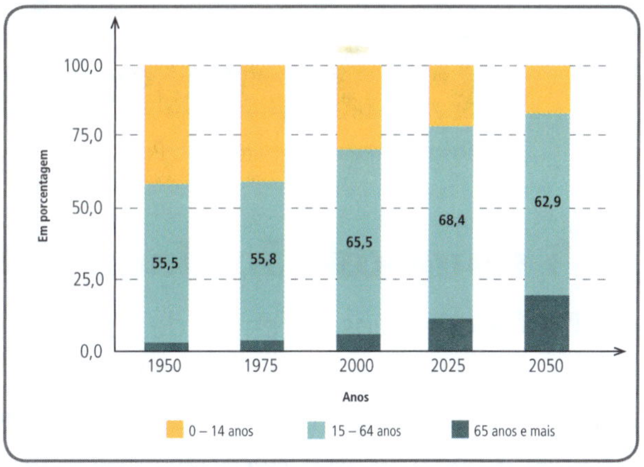

Fonte: Laura L. Rodríguez Wong e J. A. Carvalho. O rápido processo de envelhecimento populacional do Brasil: sérios desafios para as políticas públicas. *Revista Brasileira de Estudos de População*, vol. 23, n. 1, jan/jun 2006. Disponível em: <www.scielo.br/pdf/rbepop/v23n1a02.pdf>. Acesso em: jul. 2015.

Podemos notar, também, o aumento no número de idosos, representados no gráfico pela população com 65 anos ou mais. As melhorias nas condições médico-hospitalares e no saneamento básico possibilitaram um aumento na **expectativa de vida** dos brasileiros.

Vocabulário

Expectativa de vida: número médio de anos que se espera que uma pessoa possa viver.

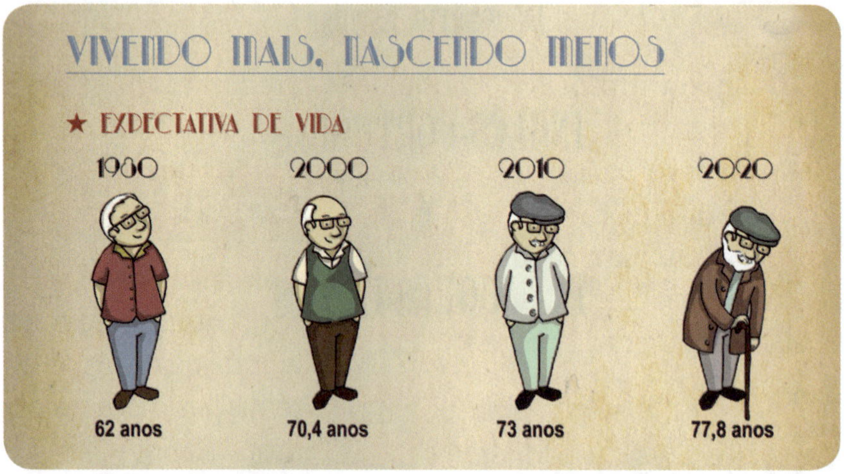

Giovanna Angerami/Designer e Karla Link/Ilustradora

Thomaz Vita Neto/Pulsar Imagens

▶ Idoso se exercita no Parque do Povo. Presidente Prudente, São Paulo, 2015.

A composição da população por sexo

Desde os recenseamentos de 1960 e 1970, tem-se observado que as mulheres se tornaram maioria na população brasileira. O Censo 2010 revelou que, de cada 100 pessoas, 51 eram mulheres. Assim, o número de mulheres supera o de homens e esse índice tende a aumentar nas próximas décadas.

Baú de informações

Nenhum país do mundo é páreo para o Brasil em matéria do crescimento do papel da mulher na sociedade, nos últimos quarenta anos. Basta que se diga que, nesse período, a mulher, depois de conquistar a igualdade numérica, avançou para os dois terços de hoje, contra um terço dos homens, na conquista de grau universitário. Isso significa que as mulheres, hoje, representam o dobro dos homens na graduação em nível superior. Explica-se por que elas já são maioria em quase todos os campos da atividade humana, à exceção das atividades que requerem conhecimento técnico e nos níveis de chefia. Seu predomínio, porém, nessas áreas, é uma mera questão de tempo. [...]

Apesar de ainda terem muitos obstáculos a vencer, como a discriminação salarial que sofrem e as dificuldades para ocupar os mais altos postos nas organizações públicas e privadas, as mulheres já representam a metade da massa salarial e estão quase empatadas com os homens na liderança de renda domiciliar. [...]

Joaci Góes. O avanço da mulher brasileira. *Tribuna da Bahia*, Salvador, 14 mar. 2013. Disponível em: <www.tribunadabahia.com.br/2013/03/14/avanco-da-mulher-brasileira>. Acesso em: jul. 2015.

Craig Dingle/ Getty Images

▶ As mulheres estão conquistando o mercado de trabalho, apesar de enfrentarem ainda muito machismo. Na fotografia, uma pilota de avião comercial.

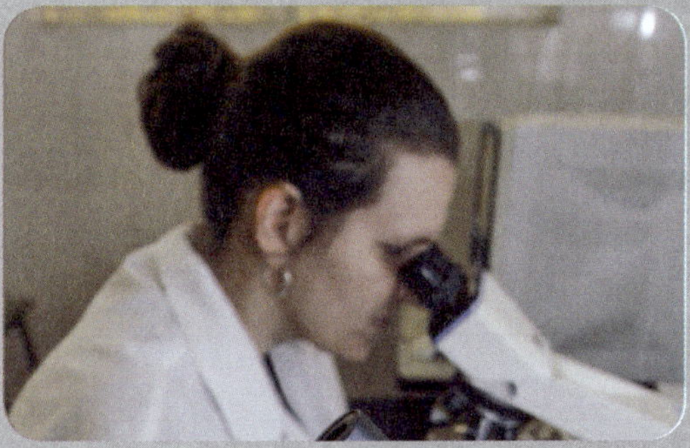
João Prudente/Pulsar Imagens

▶ As mulheres são maioria no ingresso e na conclusão de cursos superiores. Na fotografia, estudante em laboratório do curso de Veterinária em Espírito Santo do Pinhal, São Paulo.

1 Em sua opinião, a mulher tem conseguido reconhecimento por seu trabalho? Converse a respeito com os colegas.

Para ir mais longe

Sites

- *O passado e o futuro da população brasileira.* <http://exame.abril.com.br/ brasil/noticias/o-passado-e-o-futuro-da-populacao-brasileira>. Infográfico sobre a população brasileira com projeção até 2060.
- *Dados do Censo 2010.* <http://n.i.uol.com.br/ultnot/infografico/2010/ censo_nov2010.variacao.swf>. Esse infográfico mostra a evolução da população brasileira.

Atividades

1 Complete as frases sobre as características da população brasileira.

a) No Brasil predomina a população ____________________, representada pelos moradores das cidades. Verifica-se uma diminuição da população ____________________, que habita o campo.

b) O crescimento da população ____________________ decorre do aumento da ____________________ no país.

c) Em número de habitantes, a população ____________________ é maior que a masculina.

2 Escreva uma razão que explique por que ocorreu no Brasil:

a) a diminuição do número de população entre 0 e 14 anos;

____

____

____

b) o aumento da expectativa de vida.

____

____

3 Observe o gráfico e depois responda às questões no caderno.

a) Há diferença entre o número de habitantes nas áreas rural e urbana? Justifique.

b) A leitura do gráfico revela diferença entre o número de homens e mulheres na zona rural e na urbana? Justifique.

Brasil: número de habitantes por gênero em áreas urbanas e rurais (2013)

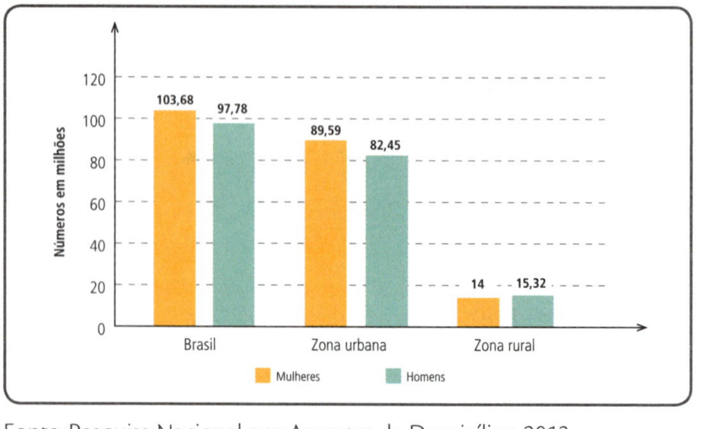

Fonte: Pesquisa Nacional por Amostra de Domicílios, 2013.

Revendo o que você aprendeu

1 O que é população?

____

____

2 A população brasileira é formada por brasileiros natos e naturalizados. Explique a diferença entre eles.

____

____

____

3 Qual é o principal motivo do aumento da população brasileira?

____

____

____

4 Leia o texto e responda às questões.

Em 50 anos, percentual de idosos mais que dobra no Brasil

Ao longo dos últimos 50 anos, a população brasileira quase triplicou: passou de 70 milhões, em 1960, para 190,7 milhões, em 2010. O crescimento do número de idosos, no entanto, foi ainda maior. Em 1960, 3,3 milhões de brasileiros tinham 60 anos ou mais e representavam 4,7% da população. Em 2000, 14,5 milhões, ou 8,5% dos brasileiros, estavam nessa faixa etária. Na última década, o salto foi grande, e em 2010 a representação passou para 10,8% da população (20,5 milhões).

G1. Disponível em: <http://g1.globo.com/brasil/noticia/2012/04/em-50-anos-percentual-de-idosos-mais-que-dobra-no-brasil.html>. Acesso em: jul. 2015.

a) Quais foram os dois grandes fatos ocorridos com a população brasileira nos últimos 50 anos?

____

____

b) Com base no que é apresentado no texto, é possível afirmar que a esperança de vida da população aumentou? Justifique.

____

____

5 Observe o mapa de distribuição da população brasileira da página 44, localize o estado onde você vive e responda às questões a seguir.

a) Qual é a densidade demográfica do estado onde você vive?

____

b) Comparando com outros estados, o estado onde você vive é muito povoado ou pouco povoado? Explique sua resposta.

____

____

6 Complete o diagrama.

1. Pesquisa realizada pelo IBGE a cada 10 anos para obter informações sobre características da população brasileira.
2. Diz-se do país que apresenta grande densidade demográfica.
3. Nome dado à maior parcela da população brasileira, que vive nas cidades.
4. Diz-se do país que apresenta grande número de habitantes.
5. País mais populoso do mundo.
6. Composição, por sexo, da **menor** parte da população brasileira.

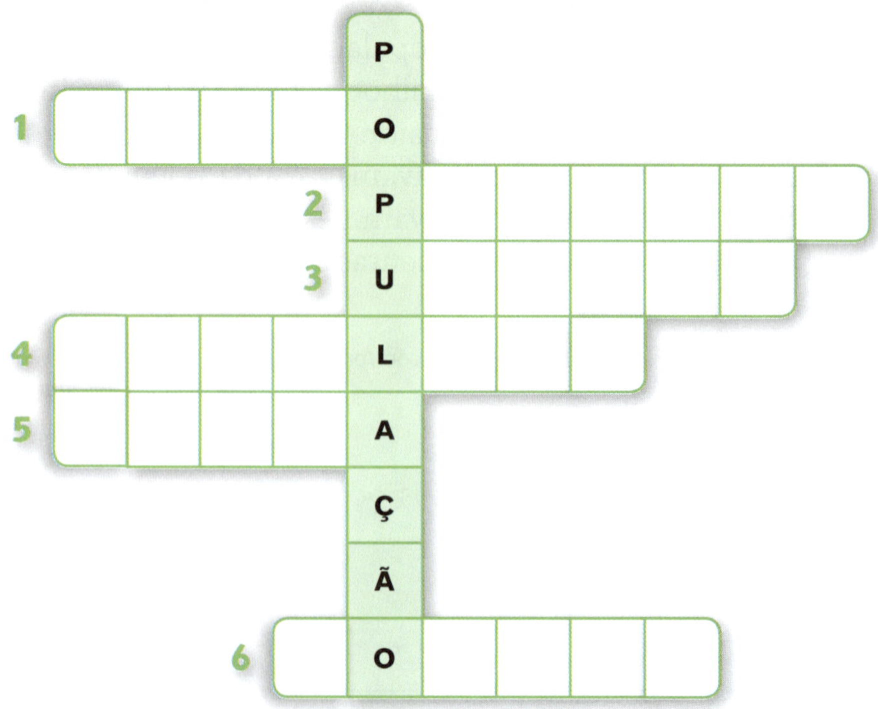

CAPÍTULO 3

Como é a população brasileira

Diálogo inicial

Leia os versos do poema.

Viva o povo brasileiro

Essa linda mestiçagem
A cultura tão plural
Colorido festival
Como é linda cada imagem
O Brasil pede passagem
Com seu povo tão guerreiro
Pra mostrar ao mundo inteiro
Sua humana substância
E também sua importância
Viva o povo brasileiro
[...]

Silvia Zamboni/Folhapress

▶ Grupo de dança afro. São Paulo, São Paulo, 2012.

Allan Sales. Disponível em:<http://allancordelista.blogspot.com.br/2010/01/viva-o-povo-brasileiro.html>. Acesso em: jun. 2015.

Agora responda oralmente às questões.

1. Como você explica estes versos: "Essa linda mestiçagem / A cultura tão plural"?
2. O que o poeta quis dizer no trecho "O Brasil pede passagem / Com seu povo tão guerreiro"?
3. Para você, quais características culturais do povo brasileiro se destacam?

A formação da população brasileira

A população brasileira apresenta grande diversidade. Em seu conjunto há brancos, afrodescendentes, indígenas, amarelos e muitos mestiços. Essa ampla variedade de tipos humanos está relacionada à própria História do Brasil. Ao mesmo tempo que o país adquiria os limites territoriais tal qual conhecemos hoje, sua população se modificava, adquirindo as características atuais.

Vamos conhecer a seguir os principais grupos que formam a população brasileira.

Brasil: composição da população (2010)

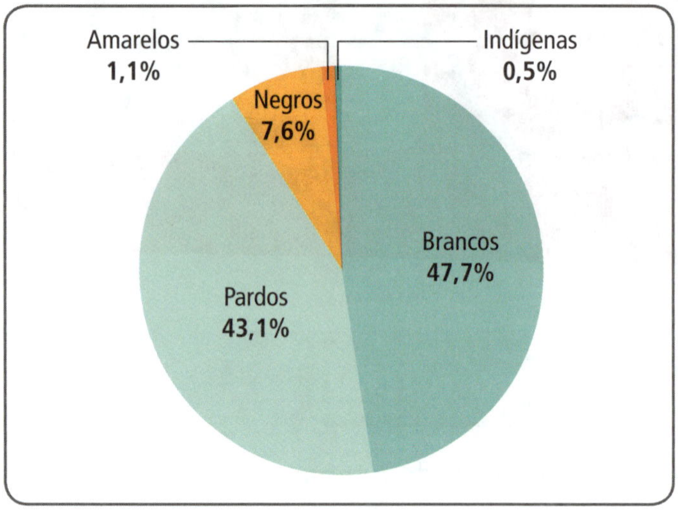

Fontes: *Portal Brasil*. Disponível em: <www.brasil.gov.br/noticias/arquivos/2012/07/02/censo-2010-mostra-asdiferencas-entre-caracteristicas-gerais-da-populacao-brasileira>; *Último segundo*. Disponível em: <http://ultimosegundo.ig.com.br/brasil/maioria-pretos-e-pardos-recebem-quase-a-metade-do-que-brancos/n1597368819798.html>. Acessos em: jun. 2015.

Os indígenas

Na época da chegada dos primeiros portugueses ao Brasil, por volta de 1500, calcula-se que viviam espalhados pelo território entre 3 e 5 milhões de indígenas. Com a presença portuguesa no Brasil, a população indígena sofreu a dizimação pelas doenças trazidas pelos europeus, como a gripe, e pelas guerras.

Mesmo com o passar dos **séculos**, os grupos indígenas continuaram sofrendo consequências da colonização europeia. No Censo 2010, contabilizaram-se 896 mil indígenas, distribuídos por 305 grupos diferentes. Mais da metade deles habitava **terras indígenas**, ou seja, terras demarcadas pelo governo com o objetivo de proteger esses povos e garantir sua preservação e a manutenção de sua cultura.

Renato Soares/Pulsar Imagens

Indígenas de etnia pataxó. Porto Seguro, Bahia, 2014.

Vocabulário

Século: período de 100 anos.

Brasil: distribuição da população indígena por região (2010)

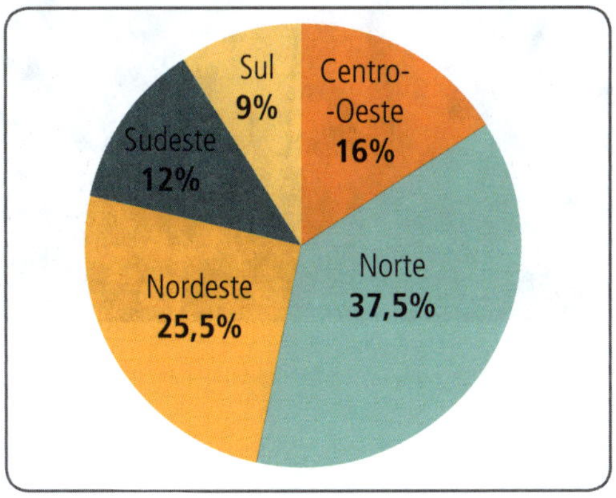

Fonte: Fundação Nacional do Índio. Disponível em: <www.funai.gov.br/index.php/indios-no-brasil/quem-sao?limitstart=o#>. Acesso em: jul. 2015.

O maior número de grupos indígenas se concentra na Amazônia (Norte do Brasil), embora esses povos também estejam em todas as partes do país. Observe o gráfico ao lado que demonstra a distribuição da população indígena entre as regiões brasileiras.

Agora, compare com o mapa a seguir, que mostra a distribuição das terras indígenas no país.

Brasil: terras indígenas (2015)

© DAE/Sonia Vaz

Fonte: Brasil: terras indígenas – FUNAI. Disponível: <http://mapas2.funai.gov.br/portal_mapas/pdf/terra_indigena.pdf.>. Acesso em: jun. 2015.

Observe no mapa a seguir a distribuição da população indígena pelo território brasileiro.

Antonio Cunha/Esp. CB/D.A Press

▶ Indígenas fazem manifestação em frente ao Congresso Nacional. Brasília, Distrito Federal, 2013.

Brasil: população indígena (2010)

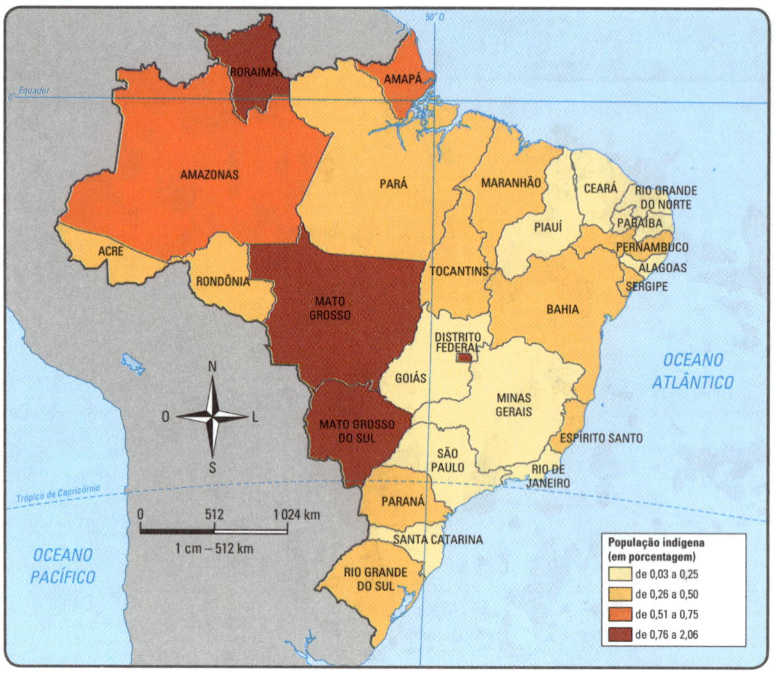

© DAE/Studio Caparroz

Fonte: *Atlas geográfico escolar – Ensino Fundamental do 6º ao 9º ano.* Rio de Janeiro: IBGE, 2010. p. 25.

Para ir mais longe

Zarabatana Books

Livro

▶ *Povos indígenas em quadrinhos*, de Sérgio Macedo. Campinas: Zarabatana Books, 2013. O livro traça um retrato dos povos indígenas brasileiros, sobretudo aqueles que habitam o Xingu.

Sites

▶ *Funai*. <www.funai.gov.br>. Apresenta informações sobre os povos e terras indígenas.

▶ *Imagens dos povos indígenas no Brasil*. <http://img.socioambiental.org/v/publico>. Essa galeria disponibiliza fotografias de diversos povos indígenas pelo território brasileiro.

Atividades

1 Observe o mapa da página 55, que representa as terras indígenas em 2015, e responda às questões a seguir.

a) Onde está a maior concentração de terras indígenas no Brasil?

b) Identifique no mapa, com a ajuda do professor, o estado onde você vive. Você avalia que a concentração de terras indígenas nele é grande ou pequena?

2 Observe o mapa com a distribuição da população indígena no Brasil, da página 56, e responda às questões ou faça o que se pede.

a) Em quais estados há maior proporção de população indígena?

b) Cite o nome de quatro estados onde há menor presença de indígenas.

c) No estado onde você vive há muitos indígenas? Qual é a faixa de porcentagem?

d) Quais dificuldades relacionadas à terra esses povos enfrentam?

Baú de informações

[...] Primeiros habitantes do território brasileiro, os índios se dividem em diversos povos de hábitos, costumes e línguas diferentes. Cada tribo possui sua cultura, religião, crenças e conhecimentos específicos. [...] A cultura e os conhecimentos desses povos acabaram por influenciar parcialmente a língua, a culinária, o folclore e o uso de objetos, como as redes de descanso, no Brasil. [...] Também recebeu forte influência indígena o folclore das regiões do interior do Brasil, com os seres fantásticos como o curupira, o saci-pererê, o boitatá e a iara. Na culinária, a herança indígena está na mandioca, na erva-mate, no açaí, na jabuticaba, nos inúmeros pescados e em pratos típicos como o pirão. [...]

A vontade de andar descalço foi outro hábito que herdamos dos indígenas. O costume de descansar em redes é outra herança dos povos indígenas. A culinária brasileira herdou vários hábitos e costumes da cultura indígena, como a utilização da mandioca e seus derivados (farinha de mandioca, beiju, polvilho), o costume de se alimentar com peixes, carne socada no pilão de madeira (conhecida como paçoca) e pratos derivados da caça (como picadinho de jacaré e pato ao tucupi), além do costume de comer frutas (principalmente o cupuaçu, bacuri, graviola, caju, açaí e o buriti). [...]

Gilson Silva Monteiro. *A influência dos povos na formação da cultura brasileira*. Duque de Caxias: Facetam, 2014. Disponível em: <www.ebah.com.br/content/ABAAAggYMAB/a-influencia-dos-povos-na-formacao-cultura-brasileira>. Acesso em: jun. 2015.

Para ir mais longe

Livro

- *Contos indígenas brasileiros*, de Daniel Munduruku. São Paulo: Global, 2004.
  A obra relata mitos de diversos povos indígenas.

Site

- *Povos indígenas do Brasil mirim*. <http://pibmirim.socioambiental.org/como-vivem/brincadeiras>.
  Conheça algumas brincadeiras indígenas.

#NaRede

No *site* <http://pib.socioambiental.org/pt/c/quadro-geral> é possível ver um quadro geral sobre os povos indígenas brasileiros. Esse quadro traz algumas informações básicas, como **família linguística** e características demográficas, porém mais informações podem ser obtidas quando se clica no nome de cada etnia.

Junte-se a mais dois colegas para fazer a atividade a seguir.

1. Cada grupo deve escolher um dos povos para pesquisa.
2. Explorem o *link* relativo ao povo escolhido por vocês e colham informações como:
   - língua;
   - localização;
   - modo de vida;
   - mitologia;
   - outras informações que vocês considerarem relevantes.
3. Pesquisem no próprio *site* <http://pib.socioambiental.org> ou em *sites* de busca, fotografias desses povos e suas aldeias.
4. Apresentem para a turma o resultado da pesquisa de vocês e vejam quais foram as informações colhidas pelos outros grupos.

Vocabulário

Família linguística: grupo de línguas derivadas de uma língua em comum. Nas comunidades indígenas, uma família, como a tupi-guarani, deriva muitas outras línguas, como kayabi, guajá e araweté.

Os afrodescendentes

A partir de 1559, muitas pessoas foram retiradas à força do continente africano e trazidas para o Brasil na condição de escravas. Em nosso país, trabalharam nas lavouras de cana-de-açúcar e algodão, na mineração do ouro e de pedras preciosas e, no século XIX, nas plantações de café. Além disso, diversos escravos faziam tarefas domésticas.

A vida do escravo era bastante penosa, porque, além de ter muito trabalho, ele ainda era mal alimentado, morava em habitações sem conforto e estava sujeito a castigos, como chibatadas.

Durante pouco mais de 300 anos, o trabalho escravo era feito tanto pelos filhos de africanos escravizados nascidos no Brasil como por outros escravos constantemente trazidos da África em navios. Somente em 1850, o tráfico de escravos foi proibido e, assim, foi dado o primeiro passo para sua libertação. Em 1888, a princesa Isabel, filha do imperador Dom Pedro II, assinou a Lei Áurea, que aboliu a escravidão no país.

In. Viagem pitoresca e histórica ao Brasil, Coleção Particular

▶ Jean-Baptiste Debret. *Carregadores de café a caminho da cidade*, 1826. Aquarela sobre papel, 15,6 × 21,6 cm. A obra mostra pessoas escravizadas carregando sacas de café.

No entanto, apesar de a escravidão ter sido abolida há mais de 100 anos, grande número de **afrodescendentes** ainda hoje sente os efeitos do período escravocrata, pois muitos continuam vivendo na pobreza e com dificuldades de sobrevivência, além de exercer atividades mal remuneradas e sofrer com o preconceito.

Vocabulário

Afrodescendente: descendente de povos africanos.

As mudanças recentes

Nas últimas décadas, a renda da população afrodescendente foi a que mais cresceu no Brasil.

Em maio de 2013, dados divulgados pelo IBGE revelaram que 30 em cada 100 afrodescendentes brasileiros são **empreendedores**, reflexo da elevação de renda e da diminuição da desigualdade observada no país nos últimos dez anos.

Vocabulário

Empreendedor: pessoa que executa trabalhos como autônomo, que cria negócios próprios.

Fernando Favoretto/Criar Imagem

▶ O crescimento da renda da população afrodescendente resulta em maior poder de compra. São Paulo, São Paulo, 2014.

Vários fatores contribuíram para essas mudanças sociais, entre eles, o aumento de renda proveniente do **trabalho assalariado** e a melhoria educacional nas camadas mais pobres. Além dos afrodescendentes, outros grupos apresentaram melhorias nas condições de vida.

Apesar disso, no Brasil ainda há muita desigualdade, sendo necessário diminuir mais as diferenças entre ricos e pobres. Observe, por exemplo, as diferenças quanto ao nível de ensino.

Vocabulário

Trabalho assalariado: trabalho realizado em troca de um salário.

Brasil: população de 15 a 24 anos de idade que frequentava escola, por cor ou raça, segundo o nível de ensino (em 2010)

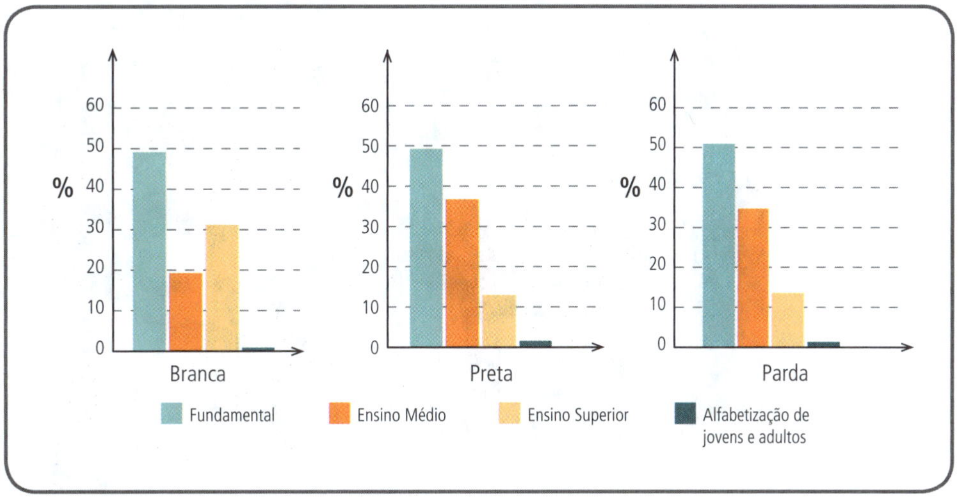

Fonte: IBGE. Censo Demográfico 2010. Disponível em: <http://imguol.com/2012/06/28/distribuicao-de-brasileiros-na-escola-por-raca-censo-2010-1340927923900_600x377.jpg>. Acesso em: jan. 2015.

Baú de informações

[...] Os escravos aprendiam o português, chegavam a ser batizados com nomes portugueses e obrigados a se converterem ao catolicismo. Mesmo assim foram eles que ajudaram a dar origem às religiões afro-brasileiras, difundidas atualmente em diversas regiões do País. As mais praticadas no Brasil são o candomblé e a umbanda.

Porém, a contribuição dos africanos na cultura brasileira não se limitou à religião. Dança, música, culinária e idioma receberam influências que prevalecem no Brasil até os dias de hoje. Na culinária regional, por exemplo, a herança africana é evidente, principalmente na Bahia. O dendezeiro, uma palmeira africana da qual se extrai o azeite de dendê, foi introduzido na região pelos escravos e é hoje utilizado em vários pratos de influência africana, como o vatapá, o caruru e o acarajé. Já o idioma brasileiro ganhou novas palavras, como batuque, moleque, benze, macumba e catinga.

A música também foi muito favorecida pela cultura africana, que contribuiu com os ritmos que são a base de boa parte da música popular brasileira. Um exemplo disso é o gênero musical lundu, que juntamente com outros gêneros deu origem à base rítmica do maxixe, samba, choro e bossa nova. Além da contribuição rítmica, também foram trazidos alguns instrumentos musicais, como o berimbau, o afoxé e o agogô, todos de origem africana. O mais conhecido deles no Brasil é o berimbau, instrumento utilizado para criar o ritmo que acompanha os passos da capoeira. No folclore são de origem africana as danças de cateretê, jongo e o samba, e os instrumentos musicais são o atabaque, a cuíca e a marimba.

Gilson Silva Monteiro. *A influência dos povos na formação da cultura brasileira*. Duque de Caxias: Facetam, 2014. Disponível em: <www.ebah.com.br/content/ABAAAggYMAB/a-influencia-dos-povos-na-formacao-cultura-brasileira>. Acesso em: jun. 2015.

Cesar Diniz/Pulsar Imagens

▶ Roda de capoeira. Ruy Barbosa, Bahia, 2014.

Para ir mais longe

Livro

▶ *O menino marrom*, de Ziraldo. São Paulo: Melhoramentos, 2009.

Conta a história de um menino marrom, que, junto de um menino cor-de-rosa, quer descobrir os mistérios das cores.

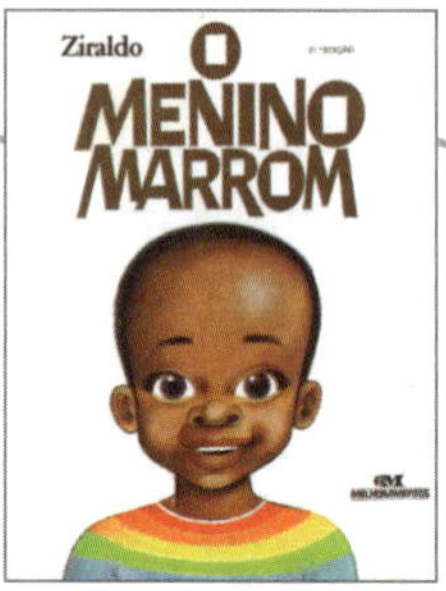

Editora Melhoramentos

Site

▶ *Brincadeiras africanas*. <www.ancorador.com.br/recreacao-esporte/brinacadeiras-africanas-heranca-africana-nas-brincadeiras-de-criancas>. Conheça brincadeiras de origem africana que até hoje são as preferidas de muitas crianças.

Atividades

1 Responda às questões no caderno.

a) Na última década, a renda da população afrodescendente foi a que mais cresceu no Brasil. Por que isso aconteceu?

b) Esse grupo étnico ainda enfrenta problemas? Quais?

2 Leia o texto e responda às perguntas.

> [...] A cultura afro-brasileira formou-se a partir de duas matrizes principais: a das civilizações congo-angolana e da região do Golfo da Guiné, principalmente do antigo Daomé e da atual Nigéria. Os estudos convencionais costumam classificar esses traços como "bantos" e (inadequadamente) "sudaneses".
>
> Os escravos chegados do Golfo da Guiné vieram principalmente atender a necessidades específicas, como as do açúcar, no Nordeste, e as do ouro, no Sudeste. Já os bantos foram presença majoritária e constante em todos os momentos da era escravista, disseminando por todo o território brasileiro as bases de sua cultura, a qual se manifesta em variadas formas de conhecimento, religiosidade, arte e lazer. [...]
>
> Nei Lopes. *História e cultura africana e afro-brasileira*. São Paulo: Barsa Planeta, 2008. p. 54.

a) Quais são as principais origens dos afrodescendentes em nosso país?

____

b) Para quais regiões se dirigiram e que atividades realizavam principalmente?

____

3 Procure no diagrama seis palavras que representam algumas contribuições africanas (alimentação, vocabulário, música) na cultura brasileira.

M	E	R	C	U	Í	C	A	N	T	I	S	M	H	E	X
R	E	M	A	S	V	D	E	N	H	I	M	O	L	E	Q
X	E	R	T	R	A	C	I	M	B	A	S	L	D	E	N
M	U	N	I	R	T	U	O	M	R	N	D	E	N	D	Ê
A	F	R	N	E	A	L	M	O	Ç	O	U	Q	U	I	S
G	U	I	G	U	P	E	R	D	R	E	M	U	S	O	L
N	H	E	A	S	Á	D	O	C	A	P	O	E	I	R	A

Os grupos europeus

Os europeus e seus descendentes também fizeram parte da formação da população brasileira.

O primeiro grupo que chegou aqui era formado pelos portugueses, que ocuparam o Brasil desde 1500, com a esquadra de Pedro Álvares Cabral. Eles colonizaram o país, desenvolvendo várias atividades econômicas, como os cultivos de cana-de-açúcar e algodão e a mineração. Pode-se considerar que foram os responsáveis pela introdução dos africanos escravizados como mão de obra no Brasil.

Durante muitos séculos, os portugueses e seus descendentes já nascidos no Brasil representaram o maior grupo branco no conjunto da população nacional.

A partir do século XIX, outros europeus começaram a vir para o Brasil. Italianos, espanhóis, alemães, russos, poloneses, entre outros foram importantes grupos de **imigrantes** que passaram a viver aqui.

Vocabulário

Imigrante: pessoa que nasceu em um país, mas mora em outro. Exemplo: um italiano que vive atualmente no Brasil é imigrante.

ARQUIVO/AGE/Estadão Conteúdo

Imigrantes italianos recém-chegados ao Brasil. Santos, São Paulo, 1957.

Os asiáticos

Os japoneses começaram a chegar ao Brasil em 1908, instalando-se principalmente onde hoje são os estados de São Paulo, Paraná e Mato Grosso do Sul.

Nas últimas décadas do século XX, o país passou a receber chineses e sul-coreanos, estes últimos bastante concentrados no estado de São Paulo.

Atualmente, o número de imigrantes asiáticos cresceu muito na Região Nordeste, sobretudo devido à grande oferta de empregos. O comércio de produtos importados e o trabalho no setor de alimentos e do agronegócio são as principais atividades realizadas pelos asiáticos no Brasil.

Franco Hoff/Pulsar Imagens

▶ Comemoração do Ano-Novo Chinês. São Paulo, São Paulo, 2013.

Baú de informações

Os migrantes de hoje

O mundo nunca teve tanta gente morando fora do país de origem. A ONU (Organização das Nações Unidas) avalia que existem atualmente 160 milhões de migrantes, pessoas vivendo fora do seu país pelas mais variadas razões – da mudança temporária por exigência do trabalho à tentativa de uma vida melhor no exterior fugindo de guerras.

Esse movimento só é comparável à grande onda migratória do início do século 20. Os especialistas calculam que naquela época cerca de 50 milhões de pessoas, a grande maioria europeus, deixaram o continente em direção ao novo mundo, como eram chamados na época as Américas e a Oceania. [...]

Mas por que o número de imigrantes aumentou tanto nos últimos anos? Para os especialistas que estudam o assunto, o aumento das comunicações e o desenvolvimento – e consequentemente barateamento – dos meios de transporte deram um grande impulso ao desejo antigo do ser humano de sair em busca de uma vida melhor. [...]

A historiadora e socióloga Maria Baganha, da Universidade de Coimbra, especialista em migrações internacionais, diz que, ao contrário do que muitos pensam, não é a parte mais pobre da população que migra. "A migração é altamente seletiva", diz. "As pessoas começam a pensar em migrar conforme melhoram de vida e veem a possibilidade de ter uma vida ainda melhor em outro lugar", afirma. [...]

Os migrantes de hoje. *BBC Brasil*. Disponível em: <www.bbc.co.uk/portuguese/especial/migrantes/migrantes.shtml>. Acesso em: jun. 2015.

Atividades

1 Com base na leitura do texto a seguir, responda: Foi importante a vinda de imigrantes europeus? Justifique.

> Com a chegada dos imigrantes europeus, no século XIX, principalmente o Sul do Brasil ganhou novos habitantes e novos trabalhadores.
>
> O país recebeu imigrantes de diversas partes da Europa – sobretudo da Espanha, Alemanha e Itália –, que, com os portugueses, africanos e indígenas aqui residentes, compuseram os principais traços de nossa cultura.

____

____

____

2 Cite três nacionalidades diferentes de imigrantes europeus e asiáticos que passaram a viver no Brasil a partir do século XIX.

____

3 Observe a imagem a seguir e responda: De que assunto ela trata?

Mauricio de Sousa Editora Ltda.

____

____

4 Relacione os grupos de imigrantes a seus países de origem.

I) Europa

II) Ásia

a) ( ) portugueses
b) ( ) chineses
c) ( ) japoneses
d) ( ) alemães
e) ( ) italianos
f) ( ) sul-coreanos

Brincar e aprender

1 Jorge, Francisco, Luana, Max e Maria são descendentes de povos que formaram a população brasileira. Hoje cada um vive em um estado brasileiro e mantém uma tradição herdada de seus antepassados. Leia as pistas e descubra a origem de cada um dos personagens, o estado onde mora e a tradição que mantém.

a) Jorge mora em São Paulo e não descende de italianos.

b) Quem mora na Bahia é do sexo feminino.

c) Francisco mora no estado mais ao sul do Brasil que faz fronteira com o Uruguai.

d) A pessoa descendente de angolanos joga capoeira e mora na Bahia.

e) Max mora no estado cuja capital é Florianópolis.

f) Luana descende de africanos.

g) O fado é um estilo de música típico de Portugal.

h) Max adora broa de centeio. O cultivo do centeio é uma das tradições que os alemães trouxeram para o Brasil.

i) O *sushi* é um prato típico do Japão.

j) Maria mora no estado cuja capital é Belo Horizonte.

k) Quem descende de italianos é do sexo masculino e mantém o costume de comer panetone.

l) Jorge aprendeu a fazer *sushi* com seus avós.

m) Maria gosta muito de ouvir músicas de fado com sua família.

Olho vivo!

Leia as informações e vá marcando no quadro o que descobriu até completá-lo.

Nome	País de origem dos antepassados	Estado onde mora	Influência cultural
Jorge			
Francisco			
Luana			
Max			
Maria			

Composição étnica da população brasileira

De acordo com o IBGE, a atual distribuição por etnia entre os estados e regiões brasileiras reflete questões históricas de ocupação e movimentos relacionados à dinâmica econômica.

A maior proporção de brancos em relação ao total de habitantes, por exemplo, é observada na região Sul do país – Santa Catarina (84%), Rio Grande do Sul (83,2%) e Paraná (70,3%) –, onde a imigração europeia foi mais intensa.

Os pretos estão em maior proporção nos estados do Nordeste, região que primeiro recebeu população proveniente do continente africano para o trabalho escravo nas lavouras e engenhos de cana-de-açúcar. Observe na tabela os números referentes às regiões brasileiras.

POPULAÇÃO RESIDENTE, SEGUNDO A COR OU A ETNIA BRASIL E GRANDES REGIÕES (2010)

	Total	Branca	Preta	Amarela	Parda	Indígena	Sem declaração
Brasil	190 755 799	90 621 281	14 351 162	2 105 353	82 820 452	821 501	36 051
Norte	15 864 454	3 686 144	1 033 504	176 721	10 659 535	305 152	3 398
Nordeste	53 081 950	15 488 292	5 013 783	631 563	31 731 631	209 457	7 224
Sudeste	80 364 410	44 152 518	6 281 663	902 731	28 904 271	101 295	21 931
Sul	27 386 891	21 456 204	1 095 307	185 595	4 573 620	75 182	984
Centro-Oeste	14 058 094	5 838 123	926 905	208 743	6 951 395	130 414	2 514

Nota: resultados da amostra. IBGE. *Censo 2010*. Disponível em: <http://censo2010.ibge.gov.br/pt>. Acesso em: jun. 2015.

Embora a população que se declara branca ainda seja maioria no Brasil, o número de pessoas que se classificam como pardas ou pretas cresceu. Observe o gráfico da página seguinte.

Brasil: distribuição da população segundo cor ou raça

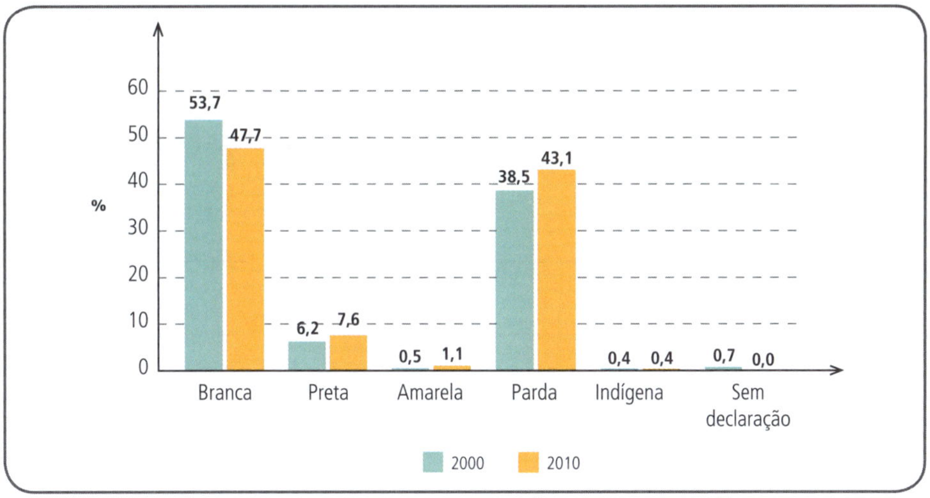

Fonte: Débora Melo. Em dez anos, população que se autodeclara negra aumenta, e número de brancos cai. *UOL*, 29 jun. 2012. Disponível em <http://noticias.uol.com.br/cotidiano/ultimas-noticias/2012/06/29/em-dez-anos-populacao-que-se-autodeclara-negra-sobe-e-numero-de-brancos-cai-diz-ibge.htm>. Acesso em: jun. 2015.

Olho vivo!

Um dos usos mais frequentes de um gráfico de colunas é mostrar a variação de determinado elemento no decorrer do tempo. Repare que o gráfico anterior mostra o que aconteceu com a população brasileira entre 2000 e 2010.

Valores e vivências

De acordo com o Censo 2010, a população que se declarou branca era a maior parcela, mas detectou-se um fato bem relevante. Houve um crescimento da população que se declarou preta ou parda nos últimos dez anos. Um dos fatores para esse crescimento foi a recuperação da identidade, ou seja, as pessoas se orgulham de pertencer a determinado grupo étnico. E é muito importante respeitar esse sentimento.

Shen Hong/Xinhua Press/Corbis/Latinstock

▶ Wangari Muta Maathai, ativista política do meio ambiente, na sede da Organização das Nações Unidas (ONU). Wangari foi a primeira mulher africana a receber o Prêmio Nobel da Paz. Nova York, Estados Unidos, 2009.

Agora responda oralmente à questão.

1. Além de se declararem pretas ou pardas, em sua opinião, de que outras formas as pessoas manifestam seu orgulho de pertencer a determinado grupo étnico?

Atividades

1 Responda às questões.

a) De acordo com o IBGE, a que fatos está relacionada a atual distribuição por etnia entre os estados e regiões brasileiras?

____

____

b) Por que a Região Sul concentra a maior parte da população branca?

____

____

2 Assinale as afirmativas verdadeiras.

a) ( ) A maior parte da população brasileira ainda se declara branca.

b) ( ) Ocorreu um aumento no número de pessoas que se classificam como pardas ou pretas.

c) ( ) As regiões Nordeste e Sudeste apresentam maior número de habitantes que se declaram pretos.

d) ( ) Existe uma igual distribuição entre os habitantes brasileiros segundo cor ou etnia entre as regiões brasileiras.

e) ( ) A Região Sudeste é a que apresenta maior número de indígenas.

3 O manual do recenseador do censo demográfico do IBGE diz que os pardos são aqueles que apresentam alguma miscigenação, isto é, são mestiços. Observe a composição da imagem e escreva no caderno se ela apresenta aspectos da diversidade da população brasileira quanto à sua formação e composição.

Fotografia: Cesar Diniz/Pulsar Imagens

Qualidade de vida da população brasileira

Já vimos que os censos feitos no país ocorrem de 10 em 10 anos. Entre os dois últimos levantamentos, a sociedade brasileira passou por inúmeras mudanças.

Uma das mais importantes refere-se à **mortalidade infantil**, dado que informa quantas crianças com menos de 1 ano de idade morrem em um grupo de mil.

De 2000 para 2010 (data dos últimos censos), a taxa de mortalidade infantil no país teve uma notável redução. No início dos anos 2000, de cada mil crianças, 29 morriam antes de atingir 1 ano de vida. Em 2010, esse número caiu para 15, ou seja, quase a metade.

De acordo com o IBGE, a diminuição da mortalidade infantil teve várias causas, entre elas: melhorias na saúde – ou seja, as crianças tiveram mais acesso a vacinas e atendimento médico – e a promoção de qualidade na alimentação, o que as tornou mais resistentes às doenças.

Também ocorreram melhorias no saneamento básico – muitas residências passaram a ter água tratada, coleta de esgoto e de lixo, três elementos muito importantes para reduzir a incidência de doenças.

Ernesto Reghran/Pulsar Imagens

A melhoria nas condições médicas, alimentares e de saneamento básico favorece a diminuição da mortalidade infantil. Sistema de tratamento de água em Londrina, Paraná, 2014.

Outro elemento que mostra a melhoria das condições de vida da população é a elevação da esperança de vida, ou seja, o aumento do tempo de vida das pessoas. Em 2000, a média de vida do brasileiro era de 70 anos. Em 2011, a esperança de vida aumentou para 74 anos.

Também neste caso, o crescimento da rede médico-hospitalar e a melhoria na alimentação explicam o novo índice de esperança de vida, que deve continuar aumentando nos próximos anos.

Uma das consequências da ampliação da expectativa de vida é a necessidade de melhorar as condições especiais de segurança, saúde e lazer para os idosos.

Para ir mais longe

Sites

- *Saneamento básico e as cidades.* <www.estadao.com.br/infograficos/saneamento-basico-e-as-cidades,sustentabilidade,303514>. O infográfico apresenta os dados de água, esgoto e lixo dos municípios brasileiros.
- *Clubinho Sabesp.* <www.clubinhosabesp.com.br/clubinho_sabesp>. Essa página disponibiliza informações e jogos sobre o tratamento de água.

Baú de informações

Direito à saúde

[...] A saúde é um direito de todos porque sem ela não há condições de uma vida digna, e é um dever do **Estado** porque é financiada pelos impostos que são pagos pela população. Desta forma, para que o direito à saúde seja uma realidade, é preciso que o Estado crie condições de atendimento em postos de saúde, hospitais, programas de prevenção, medicamentos etc., e além disto é preciso que este atendimento seja universal (atingindo a todos os que precisam) e integral (garantindo tudo o que a pessoa precise).

[...]

Vocabulário

Estado: conjunto das instituições (governo, Poder Judiciário, Forças Armadas etc.) que administram uma nação.

Direito à saúde. *Guia de Direitos*. Disponível em: <www.guiadedireitos.org/index.php?option=com_content&view=article&id=10&Itemid=31>. Acesso em: jun. 2015.

1. De acordo com sua compreensão do texto, explique o que é:

a) atendimento médico-hospitalar universal;

____

____

____

____

b) atendimento médico-hospitalar integral.

____

____

____

2. No município onde você vive, o atendimento médico-hospitalar é universal e integral?

____

____

____

◈ Melhoria das condições de vida da população

A melhoria das condições de vida da população depende de vários fatores. Um deles é o investimento no conjunto de bens que preservam a saúde. Nesse conjunto estão a rede de água tratada, a rede de postos de saúde e hospitais, a rede de esgoto e a coleta de lixo.

Nos últimos anos, uma maior parcela da população passou a ter acesso a esses bens. No entanto, ainda há muito a ser feito para que todos os brasileiros sejam atendidos e tenham melhores condições de vida.

Baú de informações

A água é um dos bens de maior importância para a vida. Contudo, para ser consumida, ela precisa receber um tratamento especial a fim de tornar-se limpa.

Para chegar às residências, a água passa por um tratamento a fim de tornar-se limpa. Veja o caminho que ela faz.

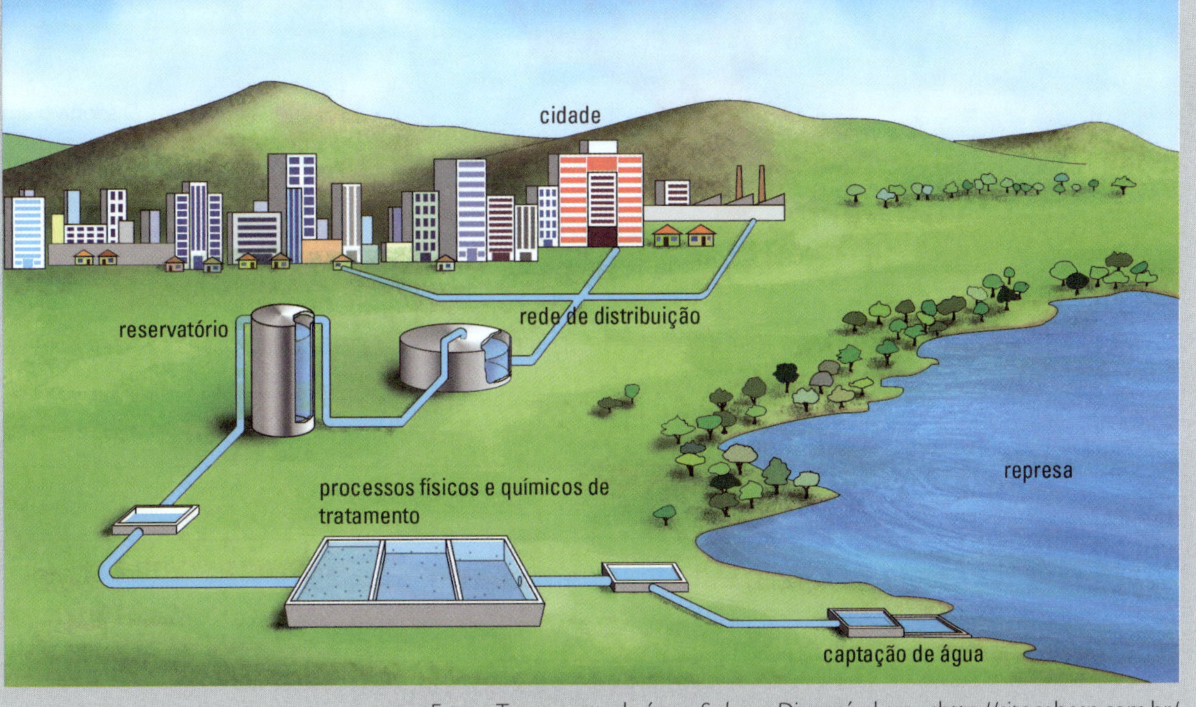

Fonte: Tratamento de água. *Sabesp*. Disponível em: <http://site.sabesp.com.br/site/interna/Default.aspx?secaoId=47>. Acesso em: jun. 2015.

O tratamento da água consiste nas seguintes etapas: primeiro, é captada a água de rios e represas; em seguida, ela passa por filtros que eliminam grãos de areia e barro; por último, é tratada com produtos químicos, os quais eliminam microrganismos causadores de doenças.

Em 2011, de cada 100 brasileiros, 84 recebiam água em casa por uma rede de canos que saía do local de tratamento e chegava às residências.

Atividades

1 Observe o mapa e faça o que se pede.

Brasil: coleta de lixo (2011)

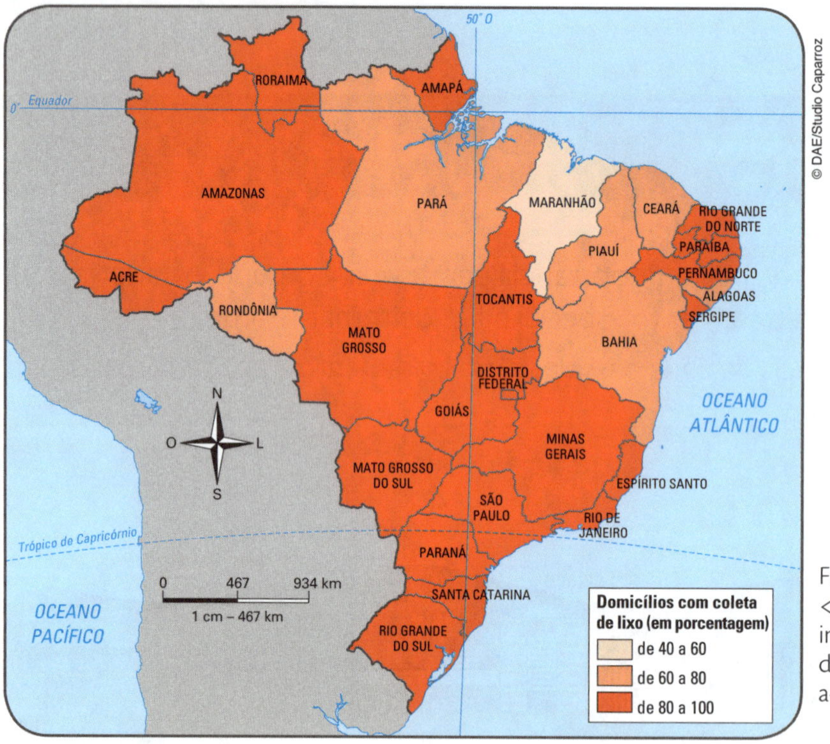

Fonte: *Bol Notícias*. Disponível em: <http://noticias.bol.uol.com.br/infograficos/2012/09/21/o-perfil-dos-domicilios-brasileiros-segundo-a-pnad.htm>. Acesso em: jun. 2015.

a) Escreva o nome de três estados onde, para cada 100 pessoas, pelos menos 80 sejam atendidas por coleta de lixo.

____

____

b) Como é a coleta de lixo no estado onde você vive?

____

____

2 No município onde você vive, como é a qualidade de vida da população?

____

____

____

Revendo o que você aprendeu

1. Explique a afirmação: "A população brasileira apresenta grande diversidade".

2. Onde se concentra a população indígena no Brasil?

3. Quais foram as principais atividades desempenhadas pelos africanos quando escravizados?

4. Observe a obra do pintor Jean-Baptiste Debret e escreva uma legenda sobre o que ela representa.

Jean Baptiste Debret. *Vendedores de palmito*, 1835. Litografia, 23 × 32 cm.

5 Complete o quadro com exemplos da contribuição cultural dos povos indígenas e africanos para nosso país.

Indígenas	Africanos

6 Pergunte a seus familiares a respeito da sua ascendência. Em sua família existem pessoas que descendem de indígenas, africanos, europeus ou asiáticos? Registre no caderno suas descobertas.

7 Observe o gráfico e responda às questões no caderno.

Brasil: taxas de mortalidade infantil

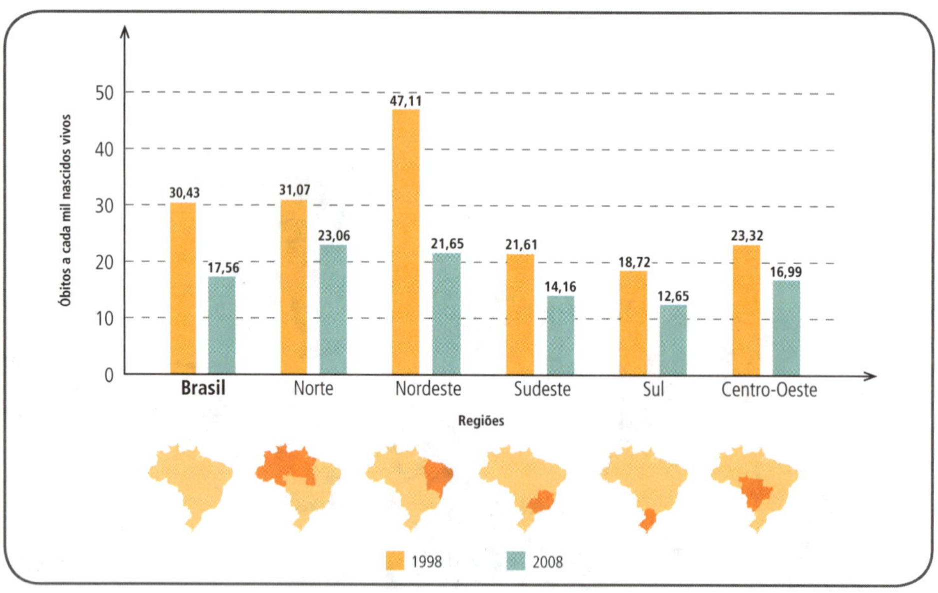

Fonte: Taxa de Mortalidade Infantil – IBGE. Disponível em: <seriesestatisticas.ibge. gov.br/series.aspx?no=4&op.=2&vcodigo=MS54&t=taxa-mortalidade-infantil>. Acesso em: jul. 2015.

a) O gráfico aponta aspectos da melhoria das condições de vida da população brasileira? Justifique.

b) O gráfico apresenta diferenças quanto às taxas de mortalidade infantil nas diferentes regiões brasileiras? Cite exemplos.

CAPÍTULO 4

A economia brasileira: atividades rurais

Diálogo inicial

Leia o trecho do poema a seguir e depois responda às questões oralmente.

Brasil 500 anos

Brasil terra de ouro,
Ar puro, rios, cachoeiras...[...]
Coberto de muito verde...
Brasil do cacau, café, borracha,
Milho, guaraná, algodão... [...]
E da farinha de pilão... [...]
Brasil de grandes boiadas,
Fazendas, peões e berrantes... [...]

Ângela Bretas. *Conversando com as estrelas – verso & prosa*. São Paulo: Scortecci Editora, 2002.

Ricardo Teles/Pulsar Imagens

▶ Plantação de algodão. Diamantino, Mato Grosso, 2012.

1. Quais são os produtos citados no poema?
2. Quais são as atividades econômicas representadas no poema?
3. Além das atividades econômicas representadas no poema, quais outras existem?
4. A qual atividade econômica você gostaria de se dedicar no futuro? Por quê?

As atividades econômicas

Você já deve ter ouvido termos como estes: produção, consumo, distribuição, troca, emprego, desemprego, bens, serviços. Todos eles estão relacionados às **atividades econômicas**.

As pessoas estão sempre participando de atividades econômicas. Veja um exemplo: um de seus colegas precisa de um lápis e vai à papelaria comprar esse objeto. Essa simples ação está relacionada a muitas atividades.

São elas:

- produção e corte de árvores para obtenção da madeira utilizada na produção do lápis;
- transporte da madeira para a fábrica de lápis;
- extração de grafite, um mineral encontrado na natureza, para produção do lápis;
- transporte da grafite para a fábrica de lápis;
- fabricação do lápis;
- transporte do lápis para a papelaria;
- compra do lápis na papelaria.

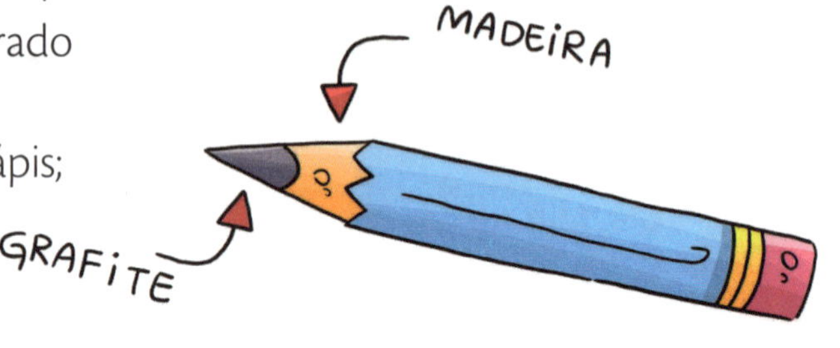

É claro que, mesmo nesse exemplo, existem muitas outras atividades envolvidas, mas é possível perceber que os produtos que consumimos são produzidos em diversas etapas. Todas elas representam atividades econômicas. Neste capítulo estudaremos as atividades econômicas desenvolvidas no espaço rural.

Atividades

1 Escreva exemplos de atividades econômicas.

____

____

____

____

2 Observe as imagens e identifique as atividades econômicas. Use o banco de palavras.

a) preparo da terra
b) transporte
c) plantio
d) indústria
e) colheita
f) comércio

Agropecuária

A agropecuária é o conjunto de formas de trabalho realizadas pelos seres humanos para satisfazer às necessidades alimentares ou produzir bens como matéria-prima para as indústrias. Essas atividades envolvem as plantações e a criação de animais.

Agricultura

A atividade agrícola se desenvolve com o uso da terra (para o plantio), de instrumentos (enxada, arado ou trator) e de técnicas (irrigação, adubagem).

No Brasil, a agricultura origina bens destinados à exportação, ou seja, à venda para outros países, caso da soja e do café, e também outros bens destinados ao consumo interno, ou seja, à nossa alimentação, como o feijão e o arroz.

Ernesto Reghran/Pulsar Imagens

▶ Trabalhador rural planta mudas de almeirão. Maringá, Paraná, 2013.

Delfim Martins/Pulsar Imagens

▶ Trator utilizado para pulverizar inseticidas em plantação de feijão. Guaíra, São Paulo, 2013.

Delfim Martins/Pulsar Imagens

▶ Trabalhador rural limpa roça de milho com enxada. Custódia, Pernambuco, 2013.

Zé Martinusso/Opção Brasil Imagens

▶ Irrigação de plantação. Teresópolis, Rio de Janeiro, 2013.

Desde a chegada dos portugueses ao Brasil, no século XVI, o país sempre desenvolveu atividades agrícolas, com destaque para produtos como a cana-de-açúcar, o algodão, o milho, o café, entre outros.

Hoje, em diversas áreas do país, são empregadas técnicas modernas nos cultivos e o resultado é uma grande produção.

No entanto, existem vários problemas na agricultura brasileira ainda não resolvidos. Um dos principais é a **concentração de terras**, isto é, algumas pessoas possuem grandes lotes, enquanto outras não têm terra para plantar e produzir alimentos.

Outra questão é o fato de que, em grandes lotes, não se utiliza toda a terra disponível para produzir. Há muita **terra ociosa**, isto é, na qual não se produz.

Muitas pessoas que trabalham na agricultura recebem salários baixos e, com frequência, o **trabalho é temporário**, ou seja, há serviço disponível apenas em determinada época do ano, não no ano todo (em geral elas conseguem trabalho somente nos períodos de colheita). Elas também não têm emprego registrado, com todos os direitos garantidos.

Gerson Sobreira/Terrastock

▶ Solo ocioso em propriedade rural. Ibiporã, Paraná, 2012.

Delfim Martins/Pulsar Imagens

▶ Trabalhadores temporários em plantação de cana-de-açúcar. Piracicaba, São Paulo, 2013.

A produção agrícola para exportação

Muitos dos produtos agrícolas brasileiros são comercializados em vários países, por exemplo, na China. Na agricultura de exportação é usado sobretudo o **sistema comercial** com intensa **mecanização** em **latifúndios** onde se pratica a **monocultura**.

Entre os produtos agrícolas brasileiros mais importantes destinados à exportação, a **soja** é o principal. O Brasil é o segundo maior produtor mundial, superado somente pelos Estados Unidos.

Alf Ribeiro/Olhar Imagem

▶ Colheita mecanizada de soja. Nuporanga, São Paulo, 2013.

Vocabulário

Latifúndio: grande propriedade rural.
Mecanização: emprego de máquinas em substituição ao trabalho humano.
Monocultura: cultivo de uma única espécie vegetal em determinada área.

Presente em mais de cem países, a cana-de-açúcar é um dos principais produtos agrícolas do mundo, representando uma importante fonte de trabalho no meio rural. A maior parte da produção se concentra em países como Brasil, Índia, China, México e Tailândia. Em nosso país a produção aumentou bastante a partir de 1975 com o Programa Nacional do Álcool (Proálcool), que visava a substituição dos combustíveis derivados de petróleo por álcool produzido a partir da cana-de-açúcar.

Veja no gráfico os estados que mais produziram soja em 2012.

Brasil: estados com maior produção de soja (2012)

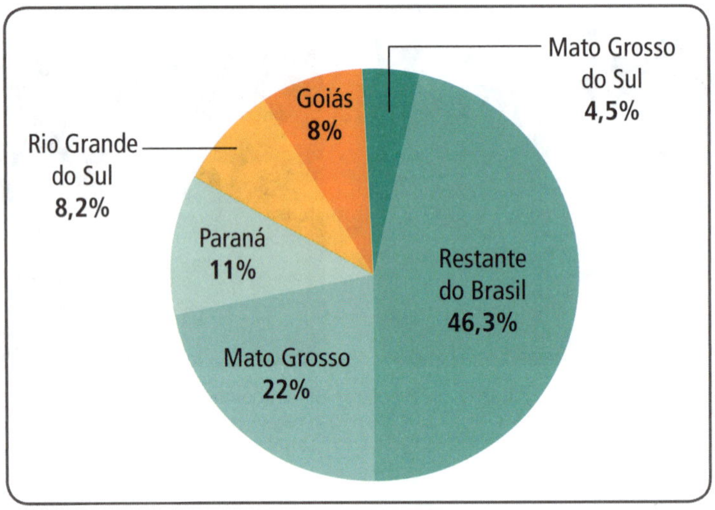

Fonte: Rural Centro. Disponível em: <http://ruralcentro.uol.com.br/analises/balanco-do-mercado-da-soja-volume-e-receitarecordes-nas-exportacoes-do-1-trimestre-de-2012-2486>. Acesso em: jun. 2014.

A **cana-de-açúcar** foi um dos primeiros produtos agrícolas cultivados no país e, por isso, tem grande importância histórica. Atualmente, o maior produtor brasileiro é o estado de São Paulo.

O **café** também tem grande relevância histórica. Desde que começou a ser explorado comercialmente no Brasil, o país tornou-se o primeiro produtor e exportador mundial, posição que ocupa até hoje. Minas Gerais é o estado que mais produz café.

Pauo Fridman/Pulsar Imagem

▶ Colheita mecanizada de cana-de-açúcar. Valparaíso, São Paulo, 2014.

João Prudente/Pulsar Imagens

▶ Plantação de café. Nova Resende, Minas Gerais, 2014.

A **laranja** (na forma de suco) é outro produto agrícola destinado, sobretudo, à exportação. O Brasil exporta o suco dessa fruta para vários países, sendo os Estados Unidos o maior comprador. O estado que mais produz laranja é São Paulo.

É importante lembrar que, além de serem destinados à exportação, esses produtos são consumidos pelos brasileiros. É o que ocorre com a soja – principalmente transformada em óleo de cozinha –, o café, a laranja e os derivados da cana-de-açúcar (açúcar e etanol, combustível para veículos).

Célio Messias/Estadão Conteúdo

▶ Colheita de laranja. Taquaritinga, São Paulo, 2013.

Baú de informações

Terras para agricultura

Por muito tempo, no passado, a espécie humana conseguia alimento apenas caçando, pescando e colhendo grãos, frutos e raízes. Mas, há cerca de dez mil anos, nossa espécie passou também a plantar os vegetais e criar os animais que lhe servem de alimento. Era o ponto de partida para o desenvolvimento da agricultura.

Com o aumento da população e a necessidade de se produzirem cada vez mais alimentos, a vegetação original das florestas e de outros ecossistemas foi sendo destruída para dar lugar ao cultivo de plantas comestíveis e à criação de animais. Hoje, o desmatamento é feito com máquinas (tratores e serras) ou com o fogo – são as chamadas queimadas, que trazem uma série de problemas.

De todas as terras emersas (fora da água) que formam os continentes e as ilhas do nosso planeta, apenas 10% aproximadamente são cultiváveis.

Muitas vezes, a atividade agrícola é feita de forma inadequada, por desconhecimento ou por falta de recursos e equipamentos. Como resultado, depois de alguns anos de produção, os nutrientes do solo se esgotam e as plantas não crescem mais.

Dependendo do tipo de solo e do tipo de plantação são necessários [...] alguns cuidados com a terra. [...]

Terras para agricultura. *Só Biologia*. Disponível em: <www.sobiologia.com.br/conteudos/Solo/Solo10.php>. Acesso em: jun. 2015.

A produção agrícola para consumo da população brasileira

De modo geral, os produtos destinados ao mercado interno – ou seja, à alimentação dos brasileiros – são cultivados em todo o país no sistema de agricultura familiar. Nele predomina o emprego de instrumentos mais simples e menor mecanização. Pratica-se a **policultura**. Veja alguns exemplos desse tipo de agricultura.

O **feijão** é um dos produtos mais importantes na alimentação dos brasileiros. É cultivado em todos os estados, muitas vezes em propriedades pequenas. O Paraná é o maior produtor nacional.

O **arroz** é outro produto agrícola fundamental para boa parte dos brasileiros. O Rio Grande do Sul é o estado com maior produção de arroz.

Vocabulário

Policultura: cultivo de espécies vegetais diversificadas em diferentes espaços de uma propriedade.

A **mandioca** é muito usada na fabricação de farinha, herança dos hábitos alimentares indígenas. O maior produtor do país é o estado do Pará.

O **milho** é outro produto cultivado em todos os estados e, além de servir para o consumo humano, é usado na indústria e para alimentação de animais. O estado do Paraná é o maior produtor nacional.

Delfim Martins/Pulsar Imagens

▶ Plantação de feijão. São Desidério, Bahia, 2013.

Andre Dib/Pulsar Imagens

▶ Colheita mecanizada de arroz. Douradina, Paraná, 2015.

Luciana Whitaker/Pulsar Imagens

▶ Plantação de mandioca. Itaguaí, Rio de Janeiro, 2014.

Andre Dib/Pulsar Imagens

▶ Plantação de milho. Frederico Westphalen, Rio Grande do Sul, 2015.

Cartografia

O mapa a seguir apresenta a localização das principais áreas de cultivo dos produtos agrícolas brasileiros. Eles são indicados por pequenos desenhos, chamados de **pictogramas**. Os pictogramas, há séculos, são usados para transmitir dados relacionados ao espaço a que a imagem se refere. O mapa que emprega pictogramas é chamado de **mapa pictórico**.

Vocabulário

Pictograma: ícones ou símbolos feitos para representar alguma informação espacial.

1 Observe o mapa e responda às questões no caderno.

Brasil: principais produtos agrícolas (2010)

Fonte: *Atlas geográfico escolar – Ensino Fundamental do 6º ao 9º ano*. Rio de Janeiro: IBGE, 2010. p. 32.

a) Quais produtos agrícolas foram representados no mapa?

b) De que forma os produtos foram representados?

c) Algum desses produtos se destaca em seu estado? Qual?

Atividades

1 Complete as frases.

a) ______________________ é a atividade de cultivar a terra.

b) Na ______________________ são realizadas atividades ligadas à agricultura e à pecuária.

c) Na agricultura de exportação predomina o sistema ______________________.

d) No cultivo de produtos que abastecem o mercado interno predomina o sistema ______________________.

e) Os ______________________ são grandes propriedades rurais.

2 Diferencie policultura de monocultura.

____

____

____

3 Relacione as colunas quanto às características dos sistemas agrícolas.

I. comercial

II. familiar

a) ( ) policultura

b) ( ) monocultura

c) ( ) maior mecanização

d) ( ) instrumentos mais simples

4 Assinale com um **X** os itens que apresentam problemas da agricultura brasileira.

a) ( ) Boa distribuição de terras.

b) ( ) Concentração de terras, isto é, grandes extensões de terra na posse de menor número de agricultores.

c) ( ) Terras ociosas, isto é, que não estão sendo utilizadas.

d) ( ) Trabalho temporário: o trabalhador permanece empregado somente durante determinado período de tempo.

e) ( ) Ótimos salários.

5 Encontre no diagrama os nomes de oito produtos da agricultura brasileira. Contorne de vermelho os produtos para exportação e de verde os do mercado interno.

L	O	P	S	M	B	H	G	F	T	D	G	K	O	L	K	J
T	C	Õ	U	A	H	J	N	F	M	B	C	D	G	K	L	M
A	A	B	N	N	F	B	F	E	T	S	O	J	A	R	V	H
Q	F	A	A	D	D	A	Ô	I	A	I	A	T	A	S	A	A
A	É	A	A	I	F	É	A	J	L	A	N	A	C	E	Í	A
Z	G	F	P	O	E	V	L	Ã	R	Q	O	Z	U	J	O	P
M	H	N	B	C	V	I	T	O	Y	H	F	S	E	A	J	H
D	C	A	N	A	D	E	A	Ç	Ú	C	A	R	L	C	S	E
R	T	R	F	D	A	G	I	M	C	D	Y	M	I	L	H	O
S	W	R	Y	K	V	F	F	H	B	F	B	I	P	L	O	C
H	Y	O	B	L	O	D	J	L	P	L	A	R	A	N	J	A
P	Ó	Z	J	G	D	G	U	Y	T	D	G	L	V	X	M	B

6 Observe as fotografias e identifique o sistema agrícola representado em cada uma. Depois, explique qual elemento permitiu que você chegasse a sua conclusão.

Delfim Martins/Pulsar Imagens

▶ Plantação de algodão. São Desidério, Bahia, 2013.

Luciana Whitaker/Olhar Imagem

▶ Plantação de hortaliças. Teresópolis, Rio de Janeiro, 2014.

____

____

____

____

Brincar e aprender

1 Decifre a carta enigmática.

O  – TOR +  – TATA +  – GA do  é

 – RO + I +  – MATE importante e  – do + ve ser 

– CA +  – SE +  – O + 10 – DE +  – CADE.

____

____

Pecuária

A pecuária é a atividade de criação de animais cujo objetivo é a produção de carne, leite, couro, pele ou ovos destinados ao comércio. Vamos conhecer as principais criações? Observe as imagens.

Bovinos ➜ bois 

Ovinos ➜ ovelhas 

Caprinos ➜ cabras 

Suínos ➜ porcos 

Equinos ➜ cavalos 

Muares ➜ mulas 

Asininos ➜ asnos ou burros 

Bubalinos ➜ búfalos 

No Brasil há vários tipos de criação de animais. A mais importante é a de **bovinos**, principalmente para produção de carne e leite. O maior rebanho bovino do país está localizado no estado de Mato Grosso, seguido por Minas Gerais, Goiás e Mato Grosso do Sul. Atualmente, o Brasil é grande exportador de carne bovina.

Os **suínos** são o segundo maior rebanho brasileiro, e se concentram, principalmente, nos estados do Sul: Santa Catarina, Rio Grande do Sul e Paraná.

No Brasil também são encontrados rebanhos de **ovinos**, **caprinos** e **equinos**.

A criação de **aves** é significativa, e o Brasil exporta carne de frango para vários países do mundo.

▶ Criação de bovinos. São Sebastião da Amoreira, Paraná, 2015.

▶ Criação de frangos. Paraopeba, Minas Gerais, 2014.

▶ Criação de suínos. Quatro Pontes, Paraná, 2012.

▶ Criação de caprinos. Bom Jesus da Serra, Bahia, 2015..

▶ Criação de ovinos. Itaara, Rio Grande do Sul, 2013.

Observe o mapa que mostra a localização de alguns tipos de rebanhos no país.

Brasil: alguns tipos de rebanhos (2010)

Fonte: *Atlas geográfico escolar — Ensino Fundamental do 6º ao 9º ano*. Rio de Janeiro: IBGE, 2010. p. 33

Quanto às formas de criação, destacam-se a **pecuária extensiva** e a **pecuária intensiva**. Nas regiões Norte, Centro-Oeste e Nordeste do país predomina a pecuária extensiva: os animais são criados soltos em grandes áreas e com menores cuidados, e a pastagem é natural. No Sul e Sudeste do Brasil prevalece a pecuária intensiva ou melhorada: o gado fica confinado em áreas menores e é alimentado com ração. Como os cuidados são maiores, o rebanho se torna mais gordo e a produção é maior.

▶ Rebanho se alimenta em propriedade rural. Exemplo de pecuária intensiva. Neves Paulistas, São Paulo, 2014.

▶ Pastagem de gado em área rural. Exemplo de pecuária extensiva. Jataí, Goiás, 2014.

Cartografia

1 Observe o mapa que representa a pecuária de rebanho bovino e responda às questões a seguir no caderno.

Brasil: pecuária de rebanho bovino (2009)

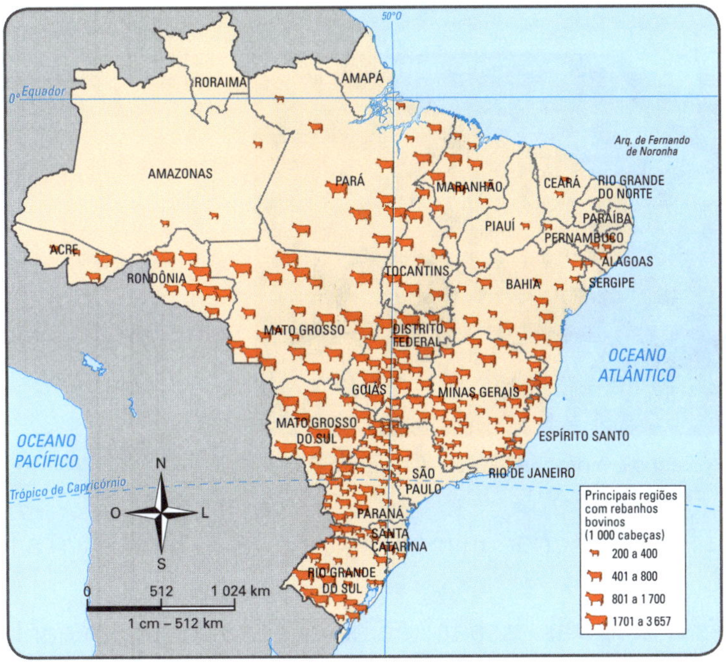

Fonte: IBGE. Disponível em: <http://atlasescolar.ibge.gov.br/images/atlas/mapas_brasil/brasil_pecuaria_bovino.pdf>. Acesso em: jul. 2015.

a) Escreva o nome de três estados que se destacam na criação de bovinos.

b) De que forma o rebanho foi representado? Que recurso é usado na legenda do mapa para representar quantidades maiores ou menores de rebanho nos estados?

Atividades

1 Complete o quadro com as informações referentes à atividade pecuária.

O que é	Produtos da pecuária

2 Ligue o animal ao nome de seu rebanho.

a) porco
b) boi
c) ovelha
d) cabra

- ovino
- bovino
- suíno
- caprino

3 Observe a fotografia e responda às questões no caderno.

Gerson Gerloff/Pulsar Imagens

▶ Rebanho em propriedade rural. Alegrete, Rio Grande do Sul, 2014.

a) Qual sistema ou forma de criar animais (extensiva ou intensiva) a fotografia apresenta? Por quê?

b) Em quais regiões brasileiras essa forma de criação é predominante?

Brincar e aprender

1 Siga as indicações e faça a dobradura utilizando um papel quadrado. Surgirá um importante animal da pecuária brasileira.

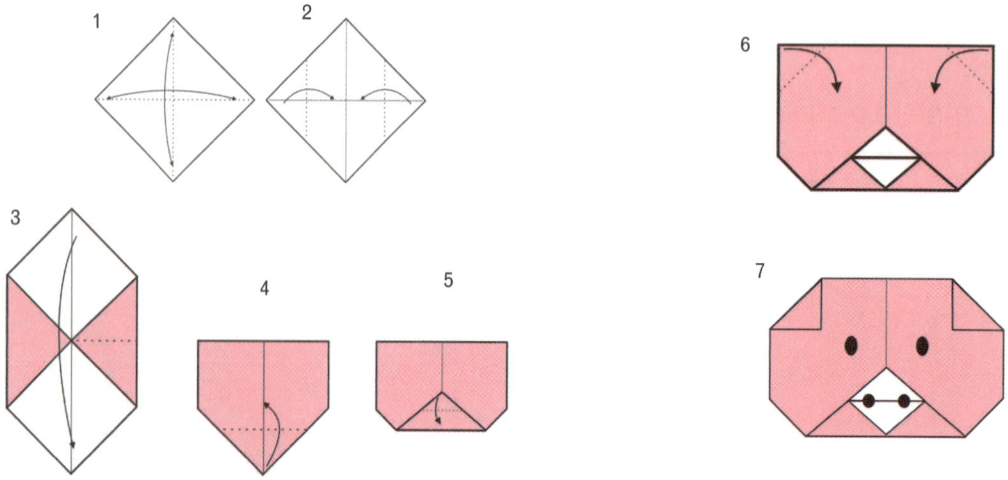

Extrativismo

O extrativismo é a atividade humana mais antiga que existe. Consiste em retirar da natureza os recursos que ela oferece. A maior parte dos produtos do extrativismo é usada como matéria-prima para a produção de outros artigos. Existem três tipos de extrativismo: **vegetal**, **mineral** e **animal**.

O extrativismo vegetal

O extrativismo vegetal corresponde à atividade de extração de produtos vegetais encontrados na natureza. Por exemplo, nas florestas ao norte do Brasil ocorre a extração de látex, castanha-do-pará, palmito e madeira.

Em outras áreas do país, como os estados do Maranhão e de Tocantins, há extração de babaçu, um tipo de coquinho cujo óleo é usado na indústria.

A carnaúba é uma palmeira muito encontrada no Piauí, Ceará e Rio Grande do Norte. De suas folhas extrai-se uma cera com várias aplicações industriais.

O extrativismo vegetal é fonte de recursos financeiros para centenas de famílias que vivem em áreas de florestas e que dependem da preservação das espécies vegetais para que essa atividade econômica possa ser realizada.

Ricardo Azoury/Pulsar Imagens

Extração de látex. Xapuri, Acre, 2012.

Franco Hoff/Pulsar Imagens

A coleta e a quebra do coco de babaçu para extração da amêndoa, matéria-prima para a indústria, são atividades realizadas principalmente por mulheres como forma de obter rendimento. São Miguel do Tocantins, Tocantins, 2011.

O extrativismo mineral

O extrativismo mineral está relacionado à extração de minérios do solo ou do **subsolo**. Essa atividade, em geral, necessita de muitos recursos financeiros e é desenvolvida por grandes empresas.

Vocabulário

Subsolo: camada que fica abaixo do solo.

No Brasil são exploradas diversas reservas minerais, algumas há muitos anos. É o caso das reservas de **minério de ferro**, considerado o mais importante recurso nacional. Em dois estados brasileiros há atividade extrativa de ferro: Minas Gerais e Pará. O país exporta grande quantidade desse minério, e um dos principais compradores é a China. O ferro é utilizado para produzir aço, empregado em automóveis, em indústrias de ferramentas, entre outras.

Mauricio Simonetti/Pulsar Imagens

Pátio de manejo de minério de ferro. São Luís, Maranhão, 2013.

O **manganês**, também usado para fabricar aço, é explorado nos estados do Pará, de Minas Gerais e do Mato Grosso do Sul, e uma parte desse recurso é exportada. A **bauxita** é um minério muito importante para as indústrias automobilística e da aviação. Com ela se produz o alumínio, também utilizado na produção de latinhas de refrigerantes. Esse minério é extraído das reservas do Pará e de Minas Gerais.

Brasil: recursos minerais (2010)

© DAE/Studio Caparroz

Fonte: Graça Maria Lemos Ferreira. *Atlas geográfico: espaço mundial*. São Paulo: Moderna, 2010. p. 121.

A extração do **ouro** tem uma importância histórica para o país. A identificação de áreas para extração de minerais foi o objetivo principal do domínio do nosso território pelos portugueses. A descoberta desse recurso no estado de Minas Gerais inaugurou o período em que o Brasil foi o maior produtor mundial de ouro. Foi também por meio dessa atividade econômica que núcleos urbanos começaram a se desenvolver para além das unidades de cultivo de cana-de-açúcar. Os estados em que historicamente houve extração de ouro foram: Minas Gerais, Bahia, Goiás, Mato Grosso, Amazonas e Pará.

O **sal marinho**, produto de uso diário em nossa alimentação, é explorado principalmente nos litorais do Rio Grande do Norte e do Rio de Janeiro.

Baú de informações

Garimpos e garimpeiros

O garimpo é um tipo de extrativismo mineral mais primitivo, porque é realizado manualmente ou com pouca mecanização. O garimpo explora recursos valiosos, como ouro e pedras preciosas (diamante, turmalina, ametista, entre outras).

David Santos Jr./FotoArena

Garimpeiro à procura de diamantes em rio. Mucugê, Bahia, 2013. O primeiro registro de um diamante encontrado nesse município é de 1844.

Em geral, o garimpo é realizado nos rios ou em suas proximidades, ocasionando muitos problemas ambientais. No garimpo de ouro, por exemplo, é comum o uso de mercúrio para facilitar a separação entre o cascalho e os grãos de ouro. O mercúrio polui as águas, o solo e é prejudicial à saúde humana e dos animais. Os garimpeiros (trabalhadores do garimpo) arriscam a vida ao praticar essa atividade econômica.

Extrativismo animal

A caça e a pesca são exemplos de extrativismo animal. No Brasil, a caça é proibida; o que se destaca é a atividade pesqueira.

Como o litoral brasileiro é muito extenso e há grande quantidade de rios no país, muitos trabalhadores se dedicam a essa atividade: são os pescadores. A pesca pode ser realizada com anzol ou redes.

A pesca de arrastão (espécie de rede muito grande lançada ao mar ou rio) é proibida em muitos locais do Brasil, pois é considerada predatória. Nela, juntamente com os peixes são pescadas outras espécies, como as tartarugas e os golfinhos, que acabam morrendo.

Andre Dib/Pulsar Imagens

A pesca é uma fonte de alimento para várias populações. Maraã, Amazonas, 2014.

Valores e vivências

Embora a intensa exploração dos recursos naturais, o desmatamento e as queimadas ameacem as condições ambientais do nosso planeta, existem hoje muitas comunidades, empresas e órgãos governamentais que atuam na exploração e no aproveitamento dos recursos de acordo com princípios do desenvolvimento sustentável. Leia o texto a seguir e converse com os colegas e o professor sobre a importância da sustentabilidade ambiental.

O que é desenvolvimento sustentável?

[...] Vamos tentar responder de forma simples e direta: promover o desenvolvimento sustentável significa atender às necessidades das gerações presentes – ou seja, das pessoas que vivem hoje no mundo, como eu e você –, mas sem comprometer as gerações futuras – como nossos filhos, netos, bisnetos... Neste sentido, as pessoas hoje devem ter a capacidade de se sustentar (ter casa, comida, roupa, dinheiro etc.), mas conservando os recursos naturais. É uma grande responsabilidade, você não acha? [...]

Ernesto Reghran/Pulsar Imagens

Nesta agrofloresta, o cacau é plantado em meio às seringueiras. Assim, o desmatamento é evitado e a recuperação da fertilidade dos solos ocorre com mais facilidade. Una, Bahia, 2013.

Felipe Cabral Mirando. Rio + 20. Fique por dentro da reunião em que quase 200 países discutirão o desenvolvimento sustentável. *Ciência Hoje das Crianças*, Rio de Janeiro, 12 jun. 2012. Disponível em: <http://chc.cienciahoje.uol.com.br/rio-20>. Acesso em: jun. 2014.

Atividades

1 O que é extrativismo?

____

____

2 Complete o quadro com as características de cada tipo de extrativismo.

Mineral	Vegetal	Animal

3 Escreva exemplos de produtos do extrativismo:

a) vegetal;

____

b) mineral;

____

c) animal.

____

4 Represente, por meio de um desenho, uma atividade extrativa.

Revendo o que você aprendeu

1 Agricultura e pecuária são atividades que se desenvolvem na zona rural. Qual é a diferença entre elas?

____

____

____

2 Ligue as colunas.

a) agricultura	• ovinos, bovinos e suínos
b) pecuária	• café, milho e feijão
c) extrativismo	• caça e pesca

3 Complete os diagramas.

a) Cultivo de um único produto.

b) Cultivo de vários produtos.

c) Agricultura para o consumo da própria família.

d) Agricultura com maior mecanização.

e) Sistema de pecuária em que o gado é criado solto, em extensas pastagens.

f) Sistema de pecuária em que os animais são confinados e recebem maiores cuidados.

4 Coloque **V** para as afirmativas verdadeiras e **F** para as falsas.

a) ☐ A soja e a cana-de-açúcar se destacam na agropecuária brasileira.

b) ☐ No estado do Rio de Janeiro encontra-se o maior rebanho de bovinos do país.

c) ☐ A agricultura de subsistência não dispõe de muita tecnologia.

d) ☐ A agricultura comercial destina-se ao grupo familiar.

5 Apesar de parte da agricultura ser baseada em técnicas modernas e ter grande importância na economia do país, há uma série de problemas relacionados ao campo e à agricultura no Brasil. Sobre isso, faça o que se pede.

a) Cite dois problemas presentes na agricultura brasileira.

____

____

____

____

b) Explique por que a existência de terras ociosas no campo é um problema.

____

____

____

____

____

6 Observe as fotos. Qual apresenta a pecuária intensiva? Por quê?

1

2

Fotos: Cesar Diniz/Pulsar Imagens

____

____

____

____

CAPÍTULO

5 A economia brasileira: atividades urbanas

Diálogo inicial

Observe a tela e depois responda às questões oralmente.

Marcelo Schimaneski

▶ Marcelo Schimaneski. *Resistindo à modernidade*, 2010. Óleo sobre tela, 50 × 70 cm.

1. A tela apresenta uma paisagem urbana ou rural? Justifique.
2. Quais são as atividades econômicas representadas na tela?
3. Que outras atividades econômicas são desenvolvidas no espaço urbano?

A indústria

Os objetos que você usa todos os dias – como o livro, o caderno, o lápis, a carteira – são resultado do trabalho realizado nas indústrias.

A **indústria** utiliza enorme quantidade de matéria-prima, isto é, de produtos provenientes da agricultura, da pecuária ou do extrativismo, como o algodão, o alumínio, a madeira e muitos outros, para transformá-los em objetos usados por nós.

Para instalar-se e desenvolver-se, as indústrias necessitam de várias condições especiais. Vejamos quais são elas:

- energia para que as máquinas funcionem;
- matérias-primas em grande quantidade e de boa qualidade para ser transformadas em produtos industriais;
- mão de obra experiente, isto é, operários que saibam operar as máquinas e possam produzir;
- transporte rápido e barato para receber as matérias-primas e levar os produtos prontos para os consumidores;
- rede comercial (lojas, supermercados, perfumarias etc.) para distribuir os produtos;
- mercado consumidor, isto é, pessoas que tenham interesse em comprar os produtos;
- impostos e terrenos mais baratos.

Alf Ribeiro/Folhapress

Trabalhadores em indústria alimentícia. São Paulo, São Paulo, 2012.

Paulo Fridman/Pulsar Imagens

Trabalhadores em indústria têxtil. Manaus, Amazonas, 2013.

◈ O desenvolvimento das indústrias no Brasil

Ao longo de quase todo o período em que foi colônia de Portugal, o Brasil dependeu política e economicamente da metrópole. Isto é, durante séculos, o desenvolvimento de indústrias na colônia foi restringido de modo que apenas Portugal pudesse fornecer tecidos, louças, ferramentas e tudo o mais de que os colonos necessitassem.

Mesmo após a independência, em 1822, a situação de dependência em relação aos artigos importados – comprados de outros países – continuou. Na segunda metade do século XIX, no entanto, a produção de café se desenvolveu no Brasil e começou a gerar mais recursos econômicos provenientes da **exportação** desse produto. Essa situação econômica favorável possibilitou o surgimento de indústrias no país.

Nesse processo, além do café, foram importantes as **ferrovias** – por onde se transportavam as matérias-primas e os produtos industrializados –; os **imigrantes europeus** trazidos para trabalhar nas plantações de café (italianos, principalmente), que eram mão de obra experiente; e o **mercado consumidor** em expansão.

O maior crescimento das indústrias ocorreu no século XX, mais precisamente a partir da década de 1950, quando foram instaladas importantes indústrias, como as automobilísticas.

Arquivo/Estadão Conteúdo

▶ Indústria automotiva. São Paulo, São Paulo, 1955.

Paulo Whitaker/Reuters/Latinstock

▶ Indústria automotiva. São Bernardo do Campo, São Paulo, 2012.

◈ Principais tipos de indústrias

Pelas imagens mostradas anteriormente, você deve ter observado que existem indústrias de diferentes tipos: algumas ocupam áreas extensas, porque produzem mercadorias grandes e pesadas; outras não precisam de espaços tão amplos.

Há fábricas que produzem navios, e fábricas que produzem balas de goma. Assim, é preciso dividir as indústrias em diferentes tipos, de acordo com o material que produzem.

As **indústrias de base ou indústrias pesadas** fabricam materiais de grande volume. São exemplos: as siderúrgicas, que produzem aço; as metalúrgicas, que produzem metais; as refinarias de petróleo, que produzem gasolina, querosene e outros tipos de derivados de petróleo.

As **indústrias intermediárias** fabricam peças e equipamentos que serão usados em outras indústrias. São exemplos as indústrias que fazem ferramentas, peças de automóveis e peças para eletrodomésticos, e as indústrias de peças de computadores e equipamentos industriais.

As **indústrias de bens de consumo** ou **indústrias leves** produzem as mercadorias que serão vendidas para os consumidores finais. Há vários exemplos desse tipo de indústria: indústrias de roupas, calçados, alimentos, remédios, bebidas, automobilística e de eletrodomésticos.

Alex Larbac/Tyba

▶ Trabalhador em indústria siderúrgica. Rio de Janeiro, Rio de Janeiro, 2012.

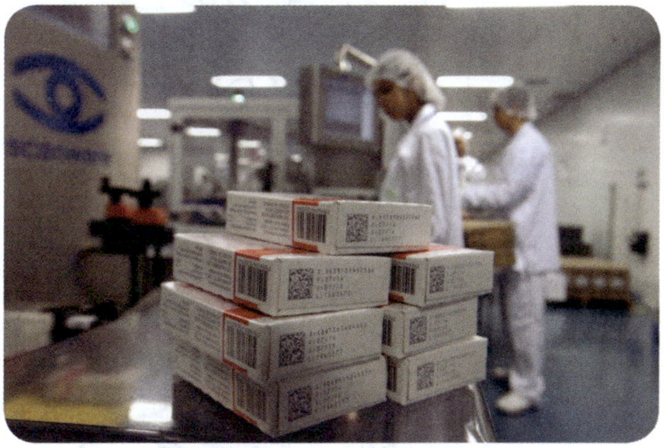
Joel Silva/Folhapress

▶ Funcionários que trabalham em uma indústria farmacêutica. Embu da Artes, São Paulo, 2014.

Valores e vivências

Eu quero ou Eu preciso?

Vocês já pararam para pensar de onde vem nossa vontade de comprar alguma coisa? Será que tudo o que é anunciado na tevê nos interessa de verdade ou é um desejo passageiro? E, por último, será que precisamos de todas essas coisas e podemos comprar tudo que queremos? Por isso, que tal combinar primeiro o que vamos comprar ou se vamos comprar algo antes de ir passear num *shopping* ou supermercado?

Assim ninguém fica triste; pais ou crianças. Outra ideia bacana é fazer uma economia junto com nossos pais para comprar algo que queremos muito ou escolher uma data bem especial para esse presente.

Ministério do Meio Ambiente e Instituto Alana. *Consumismo Infantil: na contramão da sustentabilidade.* Cadernos de Consumo Sustentável. Disponível em: <http://conferenciainfanto.mec.gov.br/images/pdf/cad_consumo_sust_mma.pdf>. Acesso em: jun. 2015.

1. Responda oralmente: Quando pede a um adulto que compre algum produto é porque você quer ou precisa? Como você diferencia um caso do outro?

Brincar e aprender

1 Você também pode transformar produtos e diminuir o consumo produzindo, reutilizando e reaproveitando alguns itens. Vamos fabricar carimbos?

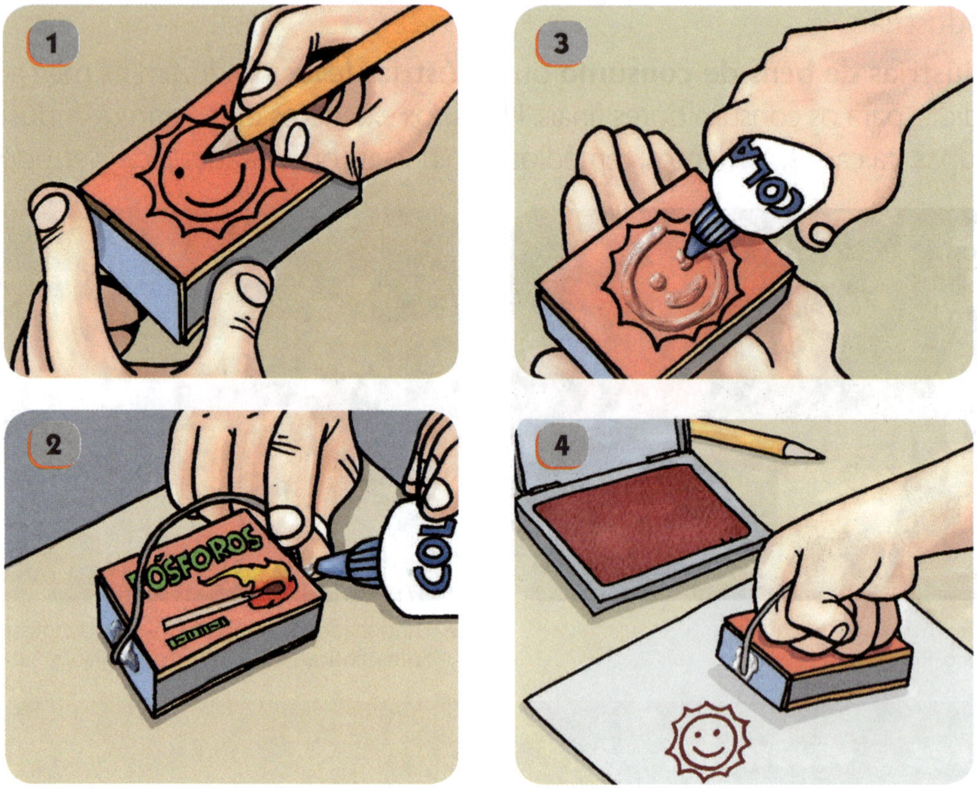

1. Desenhe na face maior de uma caixa de fósforos o contorno da figura que você quer no carimbo.
2. Cole um fio de barbante nas laterais, de forma que sirva como alça.
3. Passe cola sobre o traçado do desenho.
4. Espere a cola secar, e seu carimbo estará pronto. Agora é só providenciar uma almofada de tinta e carimbar suas cartas e bilhetes.

Para ir mais longe

Sites

- *Instituto Akatu.* <www.akatu.org.br/>. Apresenta vários vídeos e jogos que alertam para a necessidade de consumir de forma consciente, visando a um futuro sustentável.
- *Criança e Consumo.* <http://criancaeconsumo.org.br/>. Oferece inúmeras informações referentes à relação da criança com o consumo.

◈ Áreas industrializadas

A atividade industrial existe em todos os estados brasileiros. Uma pequena fábrica de doces, um marceneiro que fabrica móveis, uma confecção que produz roupas são alguns exemplos. Repare em quais tipos de atividades existem próximas de onde você mora.

Em algumas áreas do Brasil há grande concentração de indústrias. Veja no mapa como elas se distribuem no país.

Brasil: distribuição das atividades industriais (2011)

Fonte: Gisele Girardi e Jussara Vaz Rosa. *Atlas geográfico do estudante*. São Paulo: FTD, 2011. p. 32.

A maior concentração de indústrias está no estado de São Paulo. Abrange a cidade de São Paulo, os municípios vizinhos e se expande pelas rodovias em direção ao interior do estado.

Outras grandes concentrações são encontradas na área que engloba a cidade do Rio de Janeiro (Rio de Janeiro) e municípios próximos, e na região de Belo Horizonte, no centro-sul de Minas Gerais. Há concentrações menores no entorno de Curitiba (Paraná), Porto Alegre (Rio Grande do Sul), Salvador (Bahia), Recife (Pernambuco), Fortaleza (Ceará), Belém (Pará) e Manaus (Amazonas).

Cartografia

1 Observe o **mapa quantitativo** a seguir. Nele, o tamanho dos círculos é proporcional ao número ou quantidade do fenômeno representado. Existe uma relação entre tamanho do círculo e tamanho do fenômeno.

Brasil: empresas industriais (2012)

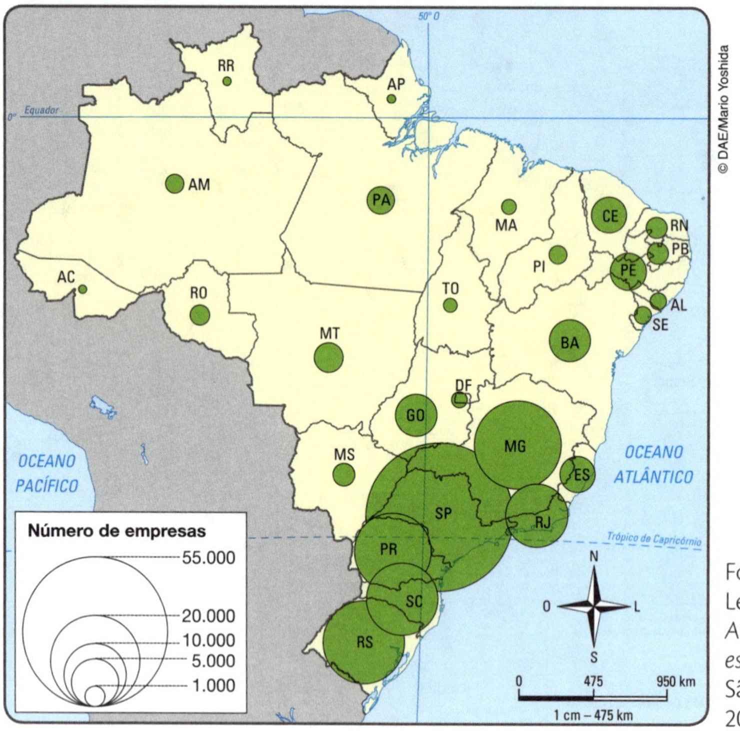

Fonte: Graça Maria Lemos Ferreira. *Atlas geográfico: espaço mundial*. 4. ed. São Paulo: Moderna, 2013. p.145.

a) O que o mapa representa?

____

b) De que forma as empresas industriais no espaço brasileiro foram representadas?

____

c) O que as diferenças entre o tamanho dos símbolos utilizados no mapa representam?

____

____

d) Escreva o nome de dois estados que se destacam pelo número de empresas industriais.

____

Atividades

1 Complete as frases.

a) A atividade realizada pela indústria é a ________________ da ________________ ________________.

b) Os ________________ são os funcionários de uma indústria.

c) A matéria-prima pode vir da agricultura, da pecuária ou do ________________.

2 A sequência de imagens representa a atividade industrial? Justifique sua resposta.

____

____

3 Complete o quadro com as características dos tipos de indústrias.

Indústria	Características
Bens de produção	
Bens intermediários	
Bens de consumo	

4 Complete o diagrama de palavras.

1. Produtos da indústria de bens de consumo.

2. Atividade realizada pela indústria.

3. Outro nome da indústria de bens de produção.

4. Exemplo de indústria de bens de produção.

5. Exemplo de produto da indústria de bens de consumo utilizado na área da saúde.

6. Produto de uma siderúrgica.

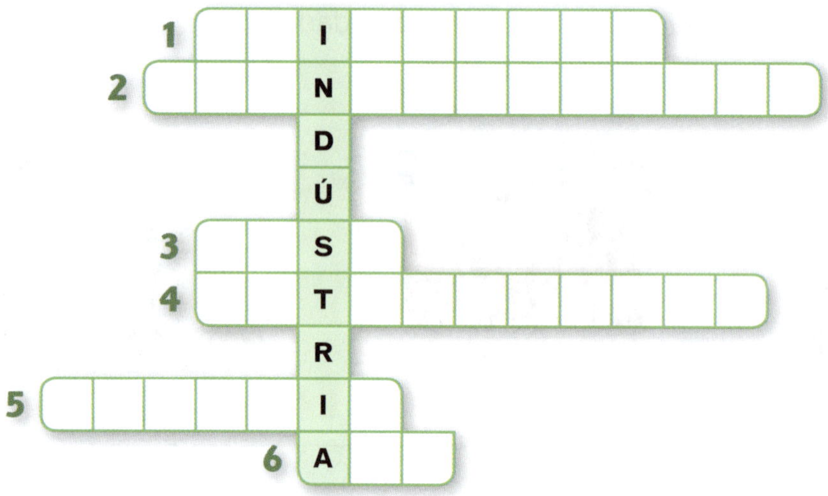

5 Observe o mapa das indústrias na página 105 e escreva os tipos de indústrias instaladas em seu estado.

____

____

Comércio

Observe como você está vestido e o que está usando nesse momento. Roupas, calçados, lápis, cadernos são objetos produzidos em indústrias e, em seguida, transportados para os locais em que foram vendidos.

O comércio caracteriza-se pela compra e venda de mercadorias. Ele pode ser interno, quando a comercialização dos produtos acontece entre municípios e estados, e externo, quando é feita entre países. Nesse caso, também é chamado de comércio internacional.

As atividades comerciais estão relacionadas à distribuição de mercadorias produzidas pela agropecuária ou pela indústria. Algumas dessas atividades são formais, isto é, estabelecidas de acordo com as leis. Os proprietários dos estabelecimentos comerciais pagam impostos para vender seus produtos.

Outras atividades comerciais são informais, ou seja, não são legalizadas e, com frequência, os produtos vendidos são mais baratos, porque não têm garantia de procedência nem passam pelos rígidos controles de fiscalização do governo. Esse tipo de atividade é prejudicial ao país, entre outras razões, porque as pessoas que trabalham no comércio informal não pagam impostos, por isso suas mercadorias podem ser apreendidas. A falta de emprego é um dos motivos que levam as pessoas a exercer atividades informais.

Adilson B. Liporage/Opção Brasil Imagens

▶ Vendedor ambulante. Também conhecidos como camelôs, esses vendedores realizam um tipo de atividade informal. Cabo Frio, Rio de Janeiro, 2012.

Valores e vivências

É importante tomar muito cuidado na hora de escolher os produtos que desejamos comprar, observando atentamente suas características para comprovar se não oferecem riscos.

Ao comprar produtos alimentícios, por exemplo, devemos verificar o prazo de validade e a aparência deles, pois latas amassadas, enferrujadas ou estufadas, embalagens abertas ou danificadas colocam em risco a saúde dos consumidores.

De acordo com o **Código de Defesa do Consumidor**, os fabricantes são obrigados a colocar nas embalagens as características dos produtos, sua composição (ingredientes utilizados), prazo de validade e eventuais riscos que possam apresentar à saúde e à segurança dos consumidores.

Devemos exigir que a lei seja cumprida e denunciar os infratores aos órgãos de Vigilância Sanitária e de Defesa do Consumidor. É direito do cidadão comprar mercadorias em bom estado de conservação e com informações essenciais na embalagem.

1 Analise o rótulo de um produto e localize: validade, composição, restrições etc. Anote as informações no caderno.

Baú de informações

Conheça alguns artigos do Código de Defesa do Consumidor (CDC).

Art. 6º.

1. Proteção da vida e da saúde. Antes de comprar um produto ou utilizar um serviço você deve ser avisado, pelo fornecedor, dos possíveis riscos que podem oferecer à sua saúde ou segurança.
2. Educação para o consumo. Você tem o direito de receber orientação sobre o consumo adequado e correto dos produtos e serviços.
3. Liberdade de escolha de produtos e serviços. Você tem todo o direito de escolher o produto ou serviço que achar melhor.
4. Informação. Todo produto deve trazer informações claras sobre sua quantidade, peso, composição, preço, riscos que apresenta e sobre o modo de utilizá-lo. Antes de contratar um serviço você tem direito a todas as informações de que necessitar. [...]

7. Indenização. Quando for prejudicado, o consumidor tem o direito de ser indenizado por quem lhe vendeu o produto ou lhe prestou o serviço, inclusive por danos morais.

[...]

10. Qualidade dos serviços públicos. Existem normas no Código de Defesa do Consumidor que asseguram a prestação de serviços públicos de qualidade, assim como o bom atendimento do consumidor pelos órgãos públicos ou empresas concessionárias desses serviços. [...]

Tyler Olson/Dreamstime.com

A empresa deve fornecer, na embalagem, todas as informações sobre o produto, de forma clara para que o consumidor não tenha dúvidas.

Departamento de Proteção e Defesa do Consumidor (DPDC). *Cartilha do consumidor*, 1999. Disponível em: <www.procon.al.gov.br/legislacao/cartilhadoconsumidor.pdf>. Acesso em: jun. 2015.

◈ Comércio externo: importações e exportações

O comércio entre países pode ser realizado por meio de exportações e importações.

Exportação é a venda para outros países de mercadorias produzidas pela agropecuária, pelo extrativismo vegetal ou mineral ou pela indústria. Tecnologia e serviços também podem ser exportados.

O Brasil exporta vários produtos: soja, café, suco de laranja, ferro, manganês, automóveis e aviões, entre outros. Os principais países que compram esses produtos são a China, os Estados Unidos e a Argentina.

Importação é a compra de mercadorias produzidas em outro país.

Entre os produtos importados pelo Brasil destacam-se: petróleo, automóveis, peças para automóveis e remédios. Tecnologia e serviços também podem ser importados. O Brasil importa produtos de muitos países, entre eles, China, Estados Unidos, Japão e Alemanha.

Observe no mapa os países com os quais o Brasil mais comercializa. Nele, as importações e exportações estão representadas por meio de setas que indicam os países de origem e destino das rotas comerciais brasileiras. A diferença entre o tamanho das setas relaciona-se com a quantidade de produtos exportados. Assim, a China e os Estados Unidos apresentam maior destaque quanto às exportações e importações brasileiras.

Brasil: origem das importações e destino das exportações (2007)

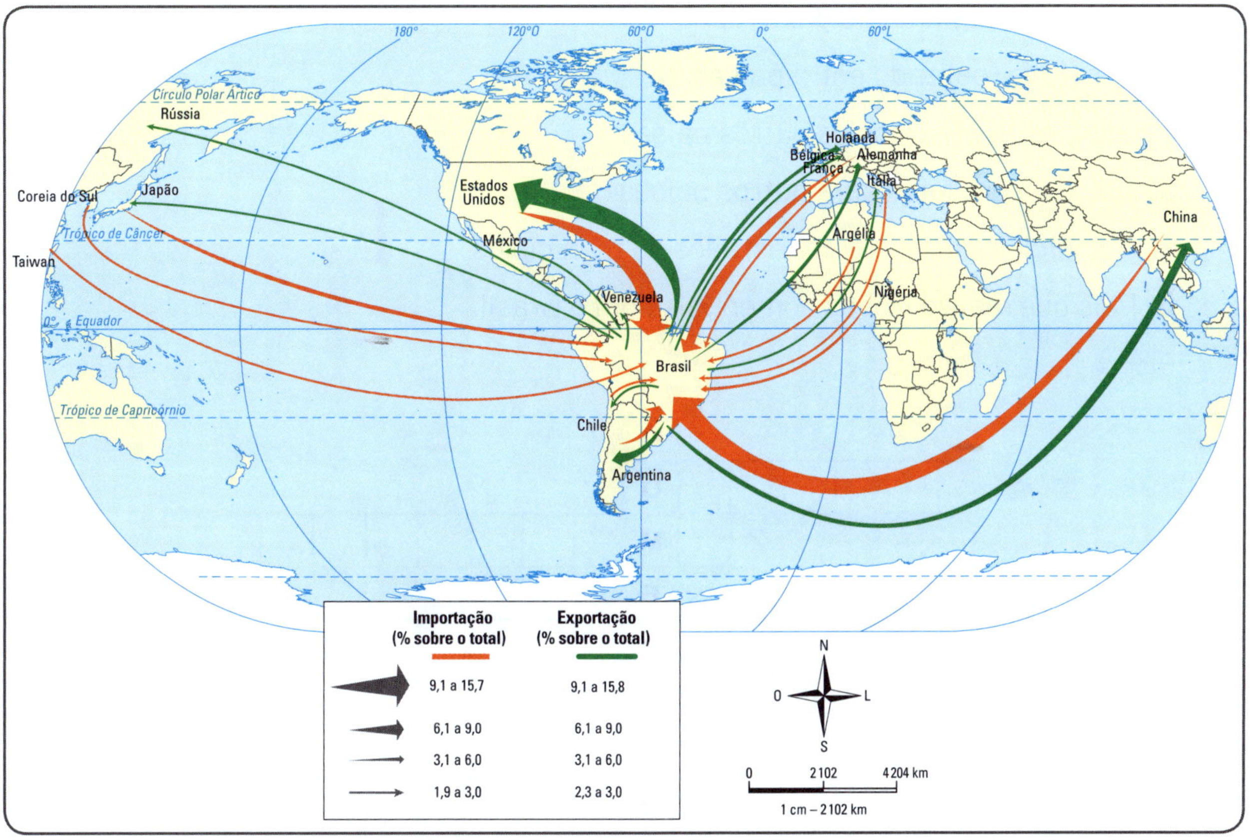

Fonte: *Atlas geográfico escolar: ensino fundamental do 6º ao 9º ano*. Rio de Janeiro: IBGE, 2010. p. 38.

Atividades

1 O que é comércio?

____

____

____

2 É possível verificar um aumento do comércio informal em muitos países. Converse com os colegas e o professor e escreva uma razão que justifique esse fato.

____

____

____

____

____

3 Complete o diagrama de palavras.

1. Comércio realizado entre países.

2. Compra de produtos de outros países.

3. Venda de produtos para outros países.

4. Comércio realizado entre estados ou municípios.

5. País que realiza trocas comerciais com o Brasil.

A prestação de serviços

A atividade de prestação de serviços é realizada por determinados profissionais, que têm conhecimento e habilidade para desempenhar seu trabalho.

As atividades de prestação de serviços atendem às necessidades muito importantes para a população. Veja a seguir alguns exemplos.

- **Transporte coletivo:** ônibus, trem, avião metrô.
- **Saúde:** postos de saúde, hospitais, laboratórios.
- **Limpeza:** garis, lixeiros.
- **Segurança:** corpo de bombeiros, polícia.
- **Comunicação:** correio, telefonia, jornalismo, televisão, rádio.
- **Educação e cultura:** escolas, bibliotecas, teatros, cinemas.

Aloisio Mauricio/Fotoarena

Profissional que presta serviço como taxista. São Paulo, São Paulo, 2015.

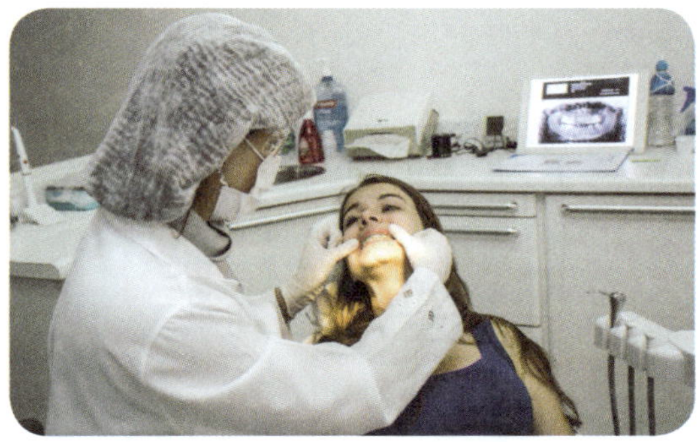

Rubens Chaves/Pulsar Imagens

Dentista atende paciente. Itapevi, São Paulo, 2013.

Dário Oliveira/Código19/Folhapress

Policial em um centro de controle. São Paulo, São Paulo, 2014.

Delfim Martins/Pulsar Imagens

Professor e alunos em uma sala de aula. Belterra, Pará, 2014.

Alexandre Tokitaka/Pulsar Imagens

Carteiro entrega correspondências. São Paulo, São Paulo, 2014.

Delfim Martins/Pulsar Imagens

Profissionais realizam a coleta de lixo. Arcoverde, Pernambuco, 2013.

Atividades

1 Qual é a importância da atividade de prestação de serviços?

____

____

____

2 Descubra os profissionais que fazem parte do grupo de prestadores de serviços e complete o diagrama de palavras. Use como referência o desenho do objeto de que se serve esse trabalhador em suas atividades.

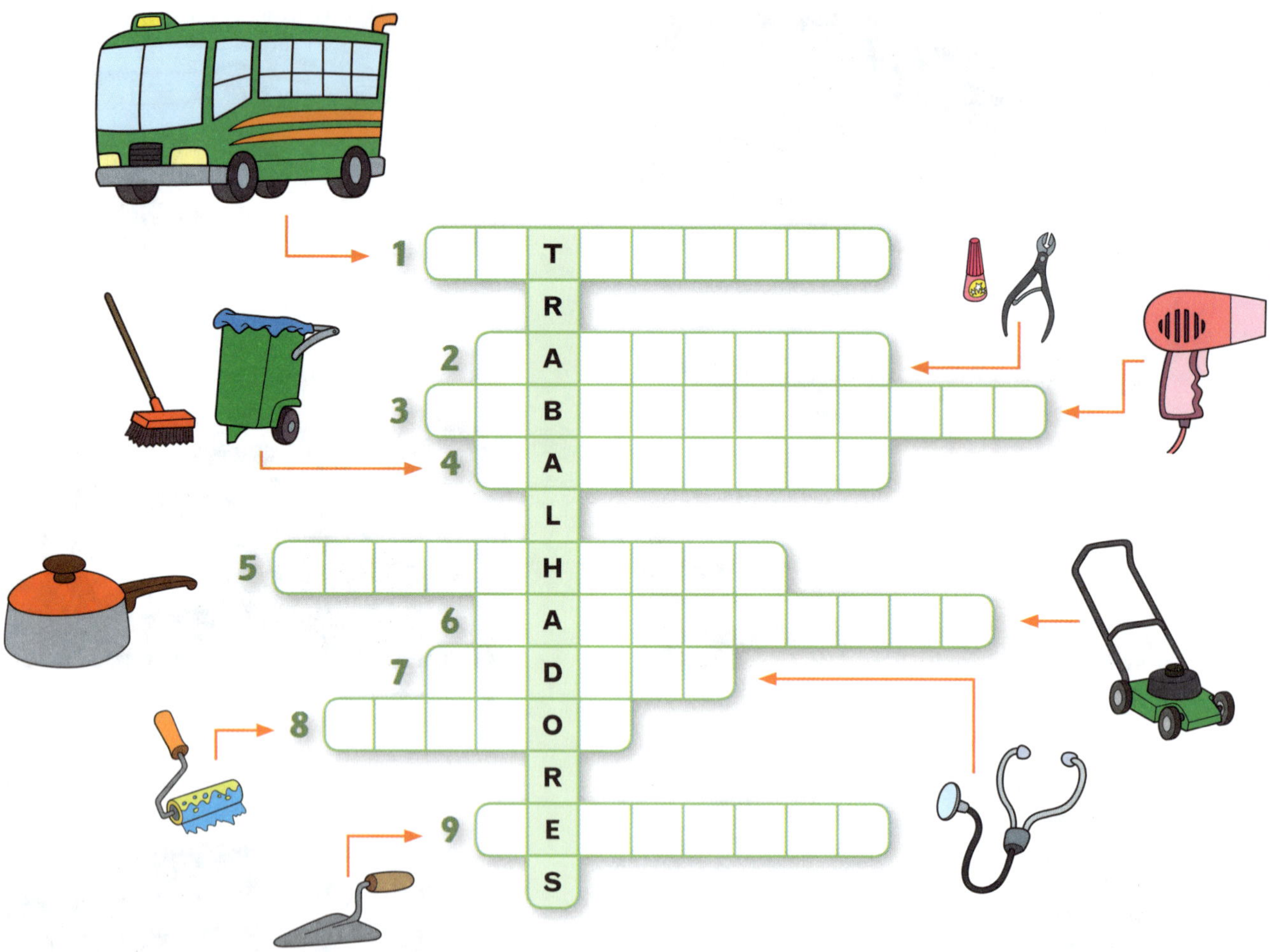

Revendo o que você aprendeu

1 Numere a segunda coluna de acordo com a primeira.

1. indústrias de base ou indústrias pesadas
2. indústrias intermediárias
3. indústrias de bens de consumo ou indústrias leves

( ) Produzem mercadorias que serão vendidas para os consumidores finais, por exemplo, as indústrias de roupas e de calçados.

( ) Produzem material de grande volume, como as siderúrgicas.

( ) Produzem peças e equipamentos que serão usados em outras indústrias.

2 Preencha os diagramas com as informações corretas.

a) Atividade responsável pela transformação da matéria-prima.

b) Indústria responsável pela produção de matéria-prima para outras indústrias.

c) Indústrias que produzem para o mercado consumidor.

d) Atividade de compra e venda de mercadorias.

e) Comércio realizado entre países.

f) Comércio realizado entre estados ou municípios.

g) Venda de produtos para outros países.

h) Compra de produtos de outros países.

3 Escreva três condições necessárias para a instalação de uma indústria.

4 Complete o quadro a respeito das atividades de prestação de serviços.

Importância	Exemplos de profissões

5 Identifique em que setor econômico trabalham os seguintes profissionais:

CAPÍTULO 6

Aspectos naturais do Brasil: o relevo e os rios

Diálogo inicial

Veja esta tela, pintada pelo artista mineiro Robson Faria de Barros.

Robson Faria de Barros

Robson Faria de Barros. *Vilarejo com circo.* Acrílico sobre tela, 50 × 70 cm.

Agora responda oralmente às questões.

1. Quais são os elementos naturais apresentados na tela?
2. Você já observou uma paisagem semelhante a essa? Onde?

Relevo

A superfície terrestre é a parte do planeta onde vivemos. Ela não é sempre igual. Existem áreas com grandes ondulações, e outras muito planas; existem áreas muito elevadas, e outras que estão no **nível do mar**. A essas diferentes formas na superfície do planeta damos o nome de relevo.

O relevo terrestre encontra-se em lenta e constante transformação devido à ação de agentes internos e externos.

Agentes internos e externos do relevo

Com o passar do tempo, as formas de relevo sofrem muitas modificações, provocadas pela ação **erosiva** de vários agentes externos, como o vento e a água da chuva, das geleiras, dos rios e dos mares.

A **água** sob forma de chuva, de enxurrada, a água de um rio ou do mar podem decompor as rochas que formam o relevo e transportá-las para outros locais, onde são depositadas.

O **vento** atua principalmente nas áreas litorâneas, isto é, próximas ao mar, onde há muita areia. Nesses locais, o vento carrega os grãos de areia, formando montes denominados dunas.

Fabio Colombini

Exemplo de erosão marinha. Parque Nacional de Jericoacoara, em Jijoca de Jericoacoara, Ceará, 2012.

Joao Urban/Olhar imagem

Exemplo de erosão eólica, causada pela ação dos ventos. Parque Estadual de Vila Velha, em Ponta Grossa, Paraná, 2015.

Vocabulário

Erosivo: referente à erosão, ou seja, ao processo de desgaste da superfície terrestre provocado pela ação do vento, da chuva, dos rios, dos mares e das geleiras e também pela ação humana.

Nível do mar: altitude média da superfície das águas do mar, que corresponde ao nível intermediário entre a maré alta e a maré baixa, com base na qual se medem as altitudes do relevo terrestre.

O ser humano também é um agente modificador do relevo. Sua ação sobre a superfície do planeta provoca rápidas mudanças. Uma delas ocorre quando as árvores são derrubadas, seja para a construção de casas, seja para a criação de gado, seja para as plantações. Quando isso acontece, o solo fica mais exposto à ação dos ventos, das chuvas e das enxurradas.

Quando são feitas obras de engenharia, como estradas, túneis ou barragens, também ocorrem grandes transformações no relevo. Veja uma imagem que mostra modificações nas formas de relevo.

Joao Urban/Olhar Imagem

Vista do Salto de Sete Quedas, que foi inundado com a construção da Usina Hidrelétrica de Itaipu. Guaíra, Paraná, 1982.

Ismar Ingber/Pulsar Imagens

Usina Hidrelétrica de Itaipu. Foz do Iguaçu, Paraná, 2014.

A superfície terrestre também pode sofrer alterações mais bruscas com a ação de agentes internos como vulcões e terremotos, que acabam mudando as formas da paisagem.

Os vulcões são montanhas com aberturas chamadas crateras, por onde saem materiais muito quentes do interior da Terra, constituídos de magma (rocha derretida) e gases.

Marco Simoni/Cultura Creative/AFP Photo

Vulcão Arenal. La Fortuna, Costa Rica, 2013.

Os terremotos são tremores de terra provocados pelo deslocamento de gigantescos blocos subterrâneos que sustentam os continentes e os oceanos. Esses blocos são chamados de placas tectônicas, e funcionam como peças de um grande quebra-cabeça, movimentando-se lentamente e interagindo entre si, sem que normalmente percebamos. Observe no mapa essas placas tectônicas.

Mapa-múndi: placas tectônicas

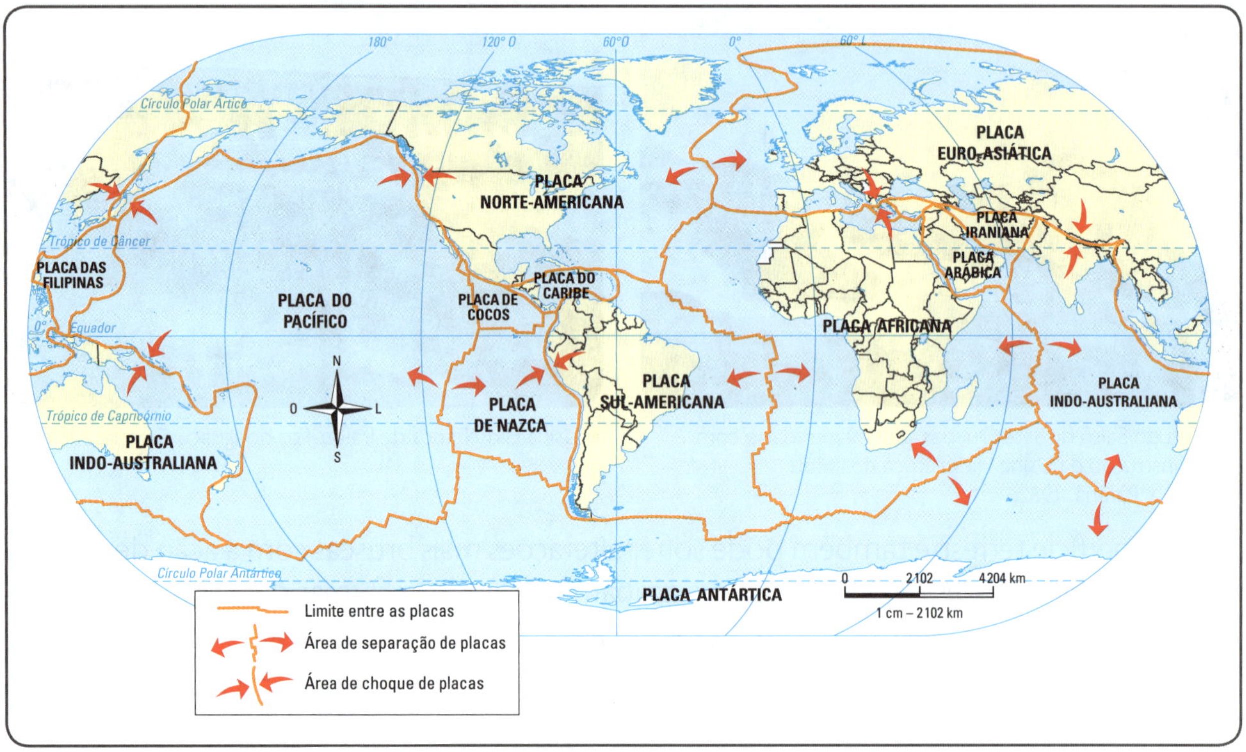

Fonte: *Atlas geográfico escolar: ensino fundamental do 6º ao 9º ano*. Rio de Janeiro: IBGE, 2010. p. 103.

Devido ao constante movimento das placas, há uma acumulação de energia no interior da crosta terrestre, e quando essa energia é liberada repentinamente, o chão estremece: é o terremoto, que pode durar alguns segundos e causar muita destruição.

Casas destruídas por um terremoto de grandes proporções. Concepción, Chile, 2010.

Conforme pudemos observar no mapa, o território brasileiro está no meio de uma dessas placas e não na borda, onde ocorre o choque delas. Portanto, a intensidade dos terremotos é menor.

Já o Chile encontra-se muito próximo da borda de uma dessas placas, estando sujeito à ocorrência de terremotos.

Atividades

1 O que é relevo?

2 Classifique os seguintes exemplos de agentes que alteram as formas da superfície terrestre, colocando **I** para agentes internos, e **E** para agentes externos.

a) ( ) vento
b) ( ) água
c) ( ) vulcanismo
d) ( ) ser humano
e) ( ) terremoto

3 O ser humano é um agente modificador do relevo. Escreva dois exemplos de alterações que ele provoca no relevo.

4 Identifique nas imagens qual foi o agente modificador do relevo.

a)

Geography Photos/Getty Images

▶ Litoral de Pembrokeshire, País de Gales, 2012.

b)

Chris Stenger/Buiten-beeld/Getty Images

▶ Deserto de Namib. Swakopmund, Namíbia, 2015.

As formas do relevo

As principais formas de relevo são: montanhas, planaltos, planícies e depressões.

- **Montanhas**: são as maiores elevações da superfície da Terra. Elas têm **altitudes** que variam muito. Um conjunto de montanhas recebe o nome de serra se tiver altitude até 3 mil metros. Se passar de 3 mil metros, recebe o nome de cordilheira.
- **Planaltos**: apresentam superfície irregular, com altitudes acima de 300 metros. Os planaltos são continuamente desgastados pela ação do vento, da chuva e dos rios.
- **Planícies**: são superfícies planas, formadas pelo acúmulo recente de sedimentos fluviais, marinhos ou lacustres. Podem ser fluviais (quando cortadas por grandes rios) ou litorâneas (quando próximas ao litoral).
- **Depressões**: são áreas mais baixas do que aquelas ao redor, sendo também continuamente desgastadas pela ação do vento, da chuva e dos rios.

Pisit Rapitpunt/Dreamstime.com

▶ Cordilheira. Leh, Índia, 2014.

Mauricio Simonetti/Pulsar Imagens

▶ Chapada dos Guimarães, Mato Grosso, 2013.

DEA/PUBBLI AER FOTO/Getty Images

▶ Planície fluvial às margens do Rio Iguaçu. Paraná, 2014.

Zig Koch/Natureza Brasileira

▶ Depressão sertaneja em Canudos, Bahia, 2012.

Vocabulário

Altitude: distância vertical medida entre determinado ponto e o nível médio do mar.

Cartografia

1 Montanhas, planaltos, planícies e depressões são formas de relevo encontradas no Brasil. Observe o mapa e responda às questões.

Brasil: formas de relevo

© DAE/Sonia Vaz

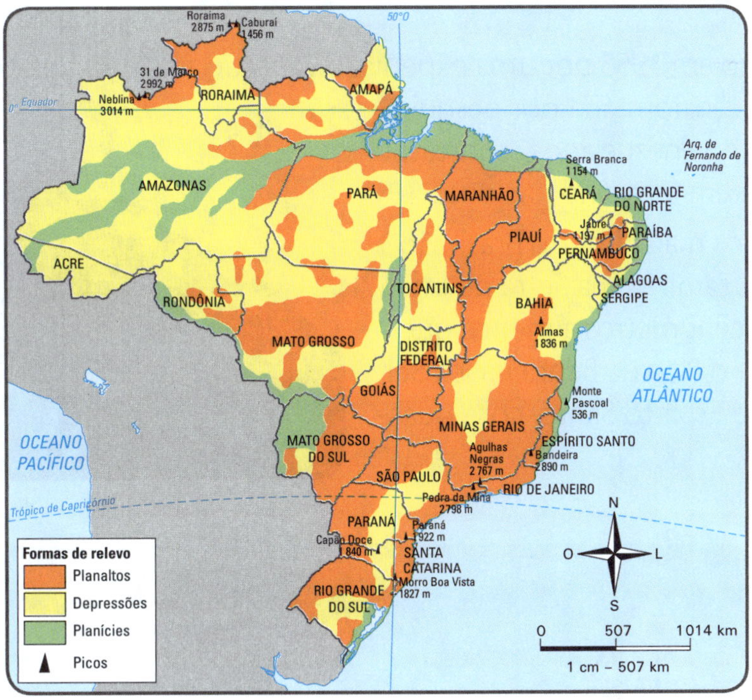

Fonte: Jurandyr Luciano Sanches Ross. (Org.). *Geografia do Brasil*. 6. ed. São Paulo: Edusp, 2011.

a) Que elemento foi usado no mapa para diferenciar as formas de relevo?

____

b) Quais formas de relevo predominam no Brasil?

____

c) E no estado onde você vive?

____

Para ir mais longe

Site

- *Brasil em relevo.* <www.relevobr.cnpm.embrapa.br/index.htm>. Traz o mapa do Brasil separado em estados, que mostram o respectivo relevo quando o usuário clica neles.

Baú de informações

Pontos culminantes do Brasil

O Pico da Neblina, que tem quase 2 994 metros de altitude (em relação ao nível do mar), é o ponto mais alto do Brasil.

Localizado na Serra do Imeri, no norte do estado do Amazonas, na fronteira do Brasil com a Venezuela, tem esse nome porque seu cume fica, a maior parte do tempo, encoberto pela neblina.

Foi descoberto em 1953 por uma expedição venezuelana, mas foi somente em 1962 que outra expedição, formada por pesquisadores brasileiros e venezuelanos, constatou que o pico estava em território nacional.

Os outros picos mais altos do Brasil são o Pico 31 de Março, também na Serra do Imeri, com cerca de 21 centímetros a menos que o Pico da Neblina, e o Pico da Bandeira, na Serra do Caparaó, no Espírito Santo, com quase 2 892 metros.

Ricardo Azoury/Pulsar Imagens

▶ Pico da Neblina. Fotografia de 2012.

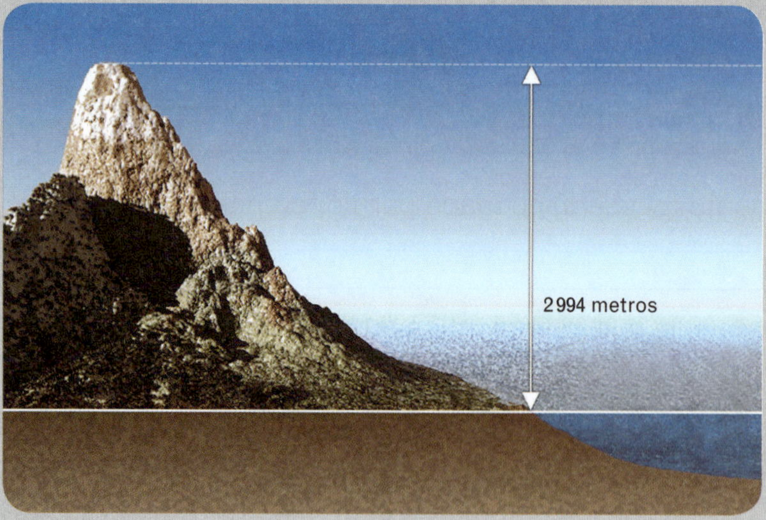

Brincar e aprender

1 Destaque as páginas 215 a 221, cole-as em uma cartolina, espere secar e convide um colega para jogar com você o **jogo da memória**, com diferentes paisagens do relevo brasileiro.

Atividades

1 Complete as frases com as palavras do quadro.

serra	fluviais	depressões
montanha	planaltos	litorâneas

a) Nos ____________________, o processo erosivo é maior.

b) As planícies podem ser ____________________ e ____________________.

c) ____________________ é um conjunto de montanhas de até 3 mil metros.

d) ____________________ são áreas mais baixas que as terras a seu redor.

e) Uma grande elevação de terra recebe o nome de ____________________.

2 Pinte o quadrado de laranja se a informação for referente a planalto, e de verde se for referente a planície.

a) ☐ altitudes baixas

b) ☐ terreno ondulado

c) ☐ continuamente desgastado pela erosão

d) ☐ altitudes a partir de 300 metros

e) ☐ acumula sedimentos

f) ☐ terreno plano

3 Relacione as montanhas mais altas do Brasil com o estado onde se localizam.

I. Amazonas

II. Espírito Santo

☐ Pico da Neblina

☐ Pico 31 de Março

☐ Pico da Bandeira

4 Qual é o ponto culminante do estado onde você mora? Se necessário, pesquise.

____

____

____

Brincar e aprender

1 Embora pareçam iguais, existem sete diferenças entre os desenhos. Localize-as.

◈ O litoral brasileiro

O Brasil tem um amplo litoral, que se estende do Rio Grande do Sul até o Amapá, banhado pelo Oceano Atlântico. São mais de 7 mil quilômetros de costa.

Nessa extensa faixa de terra encontramos diferentes formas de relevo que se formaram ao longo de milhões de anos e que são constantemente modificados pela ação do vento e da água do mar. Veja algumas delas.

Fontes: Graça Maria Lemos Ferreira. *Atlas geográfico: espaço mundial*. 3. ed. São Paulo: Moderna, 2010. p. 16-17; IBGE. *Atlas geográfico escolar*. 4. ed. Rio de Janeiro, 2007. p. 98.

1. **Golfo**: reentrância no litoral de grandes dimensões e com abertura muito larga, maior que a baía.
2. **Enseada**: reentrância da costa, bem aberta e em direção ao mar, mas com pequena penetração da água do mar. É menor que uma baía.
3. **Baía**: reentrância na costa com entrada estreita e que se alarga para o interior, por onde a água do mar entra. É maior que a enseada e menor que o golfo.
4. **Cabo**: porção de terra em forma de ponta que avança em direção ao mar.
5. **Restinga**: faixa de areia depositada paralelamente ao litoral pelas águas oceânicas.
6. **Falésia**: paredão rochoso na costa litorânea resultante da ação erosiva da água do mar contra as rochas.
7. **Ilha**: porção de terra firme, situada em lago, mar ou rio, cercada de água por todos os lados.
8. **Arquipélago**: conjunto de ilhas próximas umas das outras.
9. **Península**: porção de terra relativamente extensa, cercada de água por todos os lados, menos a parte por onde se une ao continente.

Um litoral tão grande possibilita a construção de portos, que favorecem o comércio com outros países e a exploração da pesca, de sal e de petróleo, além de ser um incentivo à atividade turística devido ao grande número de praias.

Yasuyoshi Chiba/AFP Photo

▶ Pescadores no descarregamento de peixes. Rio de Janeiro, Rio de Janeiro, 2015.

As praias brasileiras são muito bonitas e diferentes entre si. De modo geral, as áreas litorâneas atraem inúmeros visitantes, e o turismo é uma atividade econômica de grande relevância para a população local.

Em algumas praias encontramos falésias, em outras vemos dunas – montes de areia que, graças à ação do vento, movimentam-se continuamente, mudando de forma e tamanho.

Rogério Reis/Pulsar Imagens

▶ Falésias. Tibau do Sul, Rio Grande do Norte, 2013.

A. Simon

▶ Área de dunas no litoral. Jijoca de Jericoacoara, Ceará, 2013.

Valores e vivências

O Brasil tem um extenso litoral e cuidar de nossas praias é dever de todos nós. Quando for à praia, lembre-se de trazer de volta tudo o que levou e não deixe lixo pela areia. Tudo o que é jogado na areia vai para o mar e pode causar a morte de animais. Muitos animais marinhos costumam confundir qualquer pedacinho de plástico com alimento e, ao consumi-lo, acabam morrendo.

Atividades

1 Complete o diagrama de palavras.

1. Oceano que banha o Brasil.

2. Porção de terra cercada por água.

3. Faixa arenosa paralela ao litoral.

4. Porção de terra em forma de ponta que avança para o mar.

5. Conjunto de ilhas próximas umas das outras.

6. Reentrância na costa por onde entra a água do mar. Apresenta entrada estreita, que se alarga depois.

7. Paredão rochoso na costa litorânea.

2 Com relação ao litoral brasileiro, assinale com **X** a alternativa correta.

a) Estende-se do Rio Grande do Sul até o:

- ☐ Amazonas.
- ☐ Amapá.
- ☐ Pará.

b) É banhado pelo Oceano:

- ☐ Atlântico
- ☐ Pacífico.
- ☐ Índico.

3 Cite três formas de aproveitamento do litoral.

____

____

____

Hidrografia

A maior parte da superfície terrestre é coberta por água: a dos oceanos e mares (água salgada) ou a dos rios, lagos, **lençóis freáticos** e geleiras (água doce).

Ao conjunto dos elementos líquidos do planeta damos o nome de hidrosfera.

Observe no gráfico a distribuição das águas em nosso planeta.

A água é utilizada para diversas atividades: consumo, via de transporte, geração de energia, irrigação do solo, fornecimento de alimentos obtidos por meio da pesca e mesmo como locais de lazer.

Distribuição de água no planeta Terra

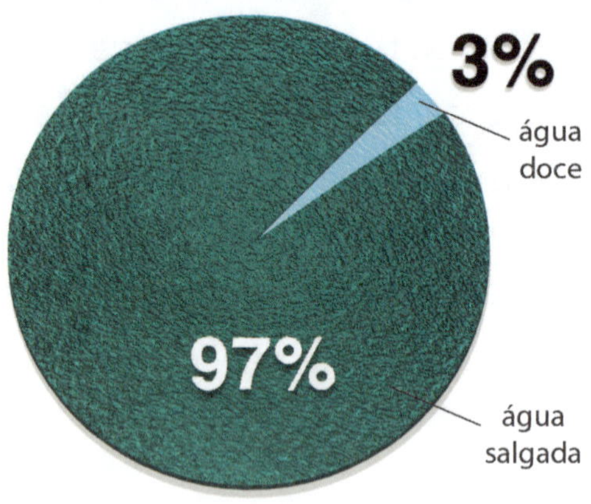

Fonte: Agência Nacional das Águas (ANA). Disponível em: <arquivos.ana.gov.br/imprensa/publicacoes/fatosetendencias/edicao_2.pdf>. Acesso em: ago. 2015.

MARIO GOLDMAN /AFP

▶ Geleira na região da Patagônia, Argentina, 2014.

Breno Fortes/CB/D.A Press

▶ Lago Paranoá. Brasília, Distrito Federal, 2013.

Vocabulário

Lençol freático: curso de água subterrâneo formado por gotas de chuva que penetram no solo e que podem permanecer sob a terra por longos períodos (de 200 a 10 mil anos) até voltar à superfície na forma de uma nascente de água.

A **hidrografia** é o estudo das águas da superfície terrestre: oceanos, mares, lagos, rios e geleiras. Neste capítulo estudaremos os principais rios brasileiros.

Mas, antes, precisamos conhecer as partes de um rio.

Chama-se **nascente** ou **cabeceira** o local onde nasce o rio. Ela está localizada nas partes mais altas do terreno e surge de fontes subterrâneas, do degelo ou de um lago.

Encontro entre o Rio Paraguai e o Rio Sepotuba. Cáceres, Mato Grosso, 2014.

Foz é a parte final, onde o rio deságua: pode ser em um outro rio, no mar, em um lago ou em uma lagoa.

Leito é o local onde a água do rio corre. **Margem** é o terreno (a porção de terra) que ladeia o rio.

É chamado de **afluente** o rio menor que joga suas águas no rio principal.

Bacia hidrográfica é a área banhada pelo rio principal e seus afluentes. Veja abaixo como se forma uma bacia hidrográfica.

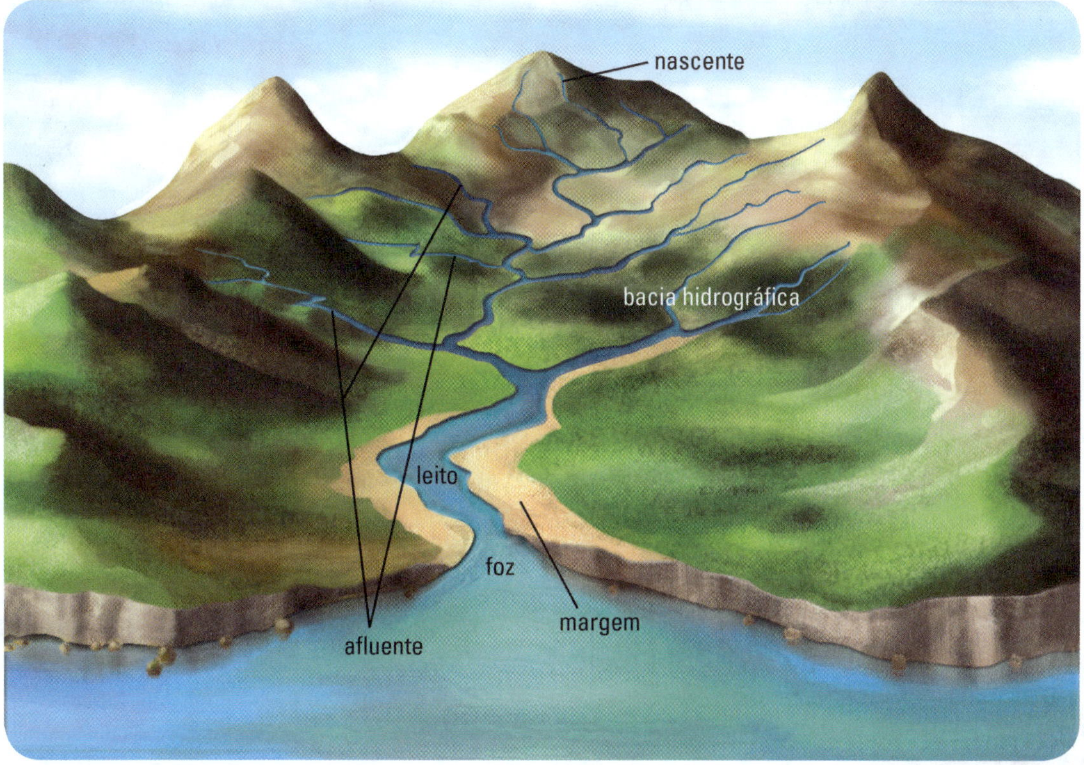

A importância dos rios

Os seres humanos sempre tiveram uma estreita relação com os rios. Para muitos grupos humanos, os rios representam vias de transporte e fonte de água e de alimentos.

Em diversas regiões onde a quantidade de chuvas é pequena, os rios são fundamentais para a **irrigação** da terra. É o caso do Rio São Francisco, que irriga extensa área de cultivo de frutas.

O relevo por onde o rio corre influencia na forma de aproveitamento de suas águas.

Mauricio Simonetti /Pulsar Imagens

Plantação de coco irrigada com as águas do Rio São Francisco. Jatobá, Pernambuco, 2012.

Os rios de planalto, que correm em terrenos com grandes inclinações, apresentam quedas-d'água, cachoeiras, cascatas e cataratas. Nesses rios, quando também apresentam grande volume de água, são construídas as usinas hidrelétricas. No Brasil, dois rios se destacam por apresentar muitas usinas hidrelétricas: o Paraná e o São Francisco. Novas usinas estão sendo construídas em afluentes do Rio Amazonas. Um exemplo é a usina de Belo Monte, no Rio Xingu.

A. Simon

A Usina Hidrelétrica Binacional Itaipu, localizada no Rio Paraná, iniciou suas operações em 1984 e, até hoje, é uma das maiores geradoras de energia elétrica do mundo. Foz do Iguaçu, Paraná, 2013.

Os rios de planície, ao contrário, percorrem terras planas e podem ser utilizados como vias de transporte, desde que não sejam muito rasos. O Amazonas e o Paraguai são exemplos de rios brasileiros utilizados como vias de transporte.

Mario Friedlander/Pulsar Imagens

Embarcação para transporte de carga no Rio Paraguai. Corumbá, Mato Grosso do Sul, 2014.

Vocabulário

Irrigação: técnica aplicada à agricultura para garantir o fornecimento de água para os cultivos em quantidade e com periodicidade certa. Esta utilização diminui a dependência das chuvas e aumenta a produtividade dos solos.

Baú de informações

Os problemas de contaminação das águas têm se tornado cada vez mais sérios. Frequentemente são veiculadas na televisão ou nos jornais notícias sobre rios poluídos. Essa poluição afeta a sociedade de diferentes maneiras. Se a água do rio poluído for consumida por animais ou seres humanos, cresce o risco de contraírem doenças. Para solucionar o problema, a água deve ser tratada, e os custos para isso geralmente são elevados.

Se o rio cruza uma cidade cujo lixo não é tratado de maneira adequada, ele pode receber esgotos industriais e domésticos, que provocam, além de doenças, mau cheiro e desconforto para a população.

Uma prática negativa, comum e perigosa é utilizar o rio como lixeira. Os efeitos dessa atitude são observados também na época das chuvas, quando o rio pode transbordar.

Caso o lixo seja despejado nas ruas, os bueiros podem ficar entupidos. Esse é um dos motivos dos alagamentos. Com os alagamentos, casas são inundadas e veículos ficam presos em meio à água, resultando em prejuízos sociais e econômicos.

Arthur de Souza Esp/DP/D.A Press

Resíduos sólidos no Canal do Arruda. Recife, Pernambuco, 2012.

Lalo de Almeida/Folhapress

Alagamento em Governador Valadares, Minas Gerais, 2012.

Para ir mais longe

Livro

- *ABC do Rio São Francisco*, de Savia Dumont. Belo Horizonte: Dimensão, 2000. Aborda características culturais e geográficas desse rio, chamado também de "rio da unidade nacional", destacando sua importância histórica e econômica.

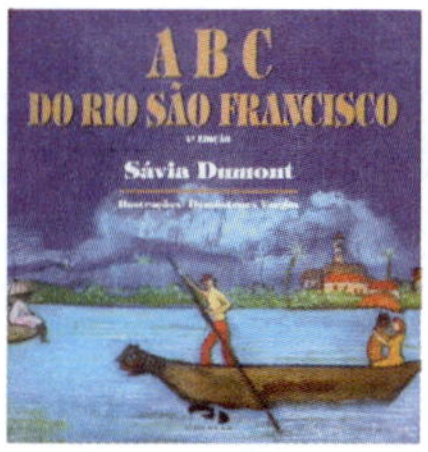

Editora Dimensão

Site

- *Itaipu Binacional.* <www.itaipu.gov.br>. Traz imagens e um histórico da construção da Usina de Itaipu.

Atividades

1 Procure no diagrama o nome de onde podemos encontrar água no planeta. Circule de azul o local onde encontramos água salgada e de vermelho o local onde encontramos água doce.

<table>
<tr><td>E</td><td>M</td><td>I</td><td>R</td><td>I</td><td>O</td><td>S</td><td>L</td><td>Õ</td><td>N</td><td>H</td><td>E</td><td>I</td><td>R</td><td>I</td><td>A</td><td>J</td><td>T</td><td>L</td><td>O</td><td>Á</td></tr>
<tr><td>Ó</td><td>C</td><td>E</td><td>B</td><td>A</td><td>C</td><td>R</td><td>O</td><td>L</td><td>J</td><td>U</td><td>L</td><td>A</td><td>M</td><td>A</td><td>R</td><td>E</td><td>S</td><td>D</td><td>N</td><td>S</td></tr>
<tr><td>M</td><td>L</td><td>A</td><td>R</td><td>G</td><td>E</td><td>L</td><td>E</td><td>I</td><td>R</td><td>A</td><td>S</td><td>S</td><td>Ç</td><td>Ã</td><td>O</td><td>I</td><td>O</td><td>C</td><td>N</td><td>O</td></tr>
<tr><td>L</td><td>E</td><td>G</td><td>O</td><td>S</td><td>A</td><td>A</td><td>I</td><td>G</td><td>E</td><td>L</td><td>E</td><td>I</td><td>R</td><td>M</td><td>E</td><td>R</td><td>É</td><td>S</td><td>I</td><td>C</td></tr>
<tr><td>A</td><td>K</td><td>F</td><td>L</td><td>E</td><td>N</td><td>Ç</td><td>Ó</td><td>I</td><td>S</td><td>F</td><td>R</td><td>E</td><td>Á</td><td>T</td><td>I</td><td>C</td><td>O</td><td>S</td><td>T</td><td>E</td></tr>
<tr><td>G</td><td>O</td><td>A</td><td>B</td><td>T</td><td>O</td><td>B</td><td>O</td><td>Q</td><td>E</td><td>I</td><td>U</td><td>S</td><td>R</td><td>J</td><td>U</td><td>L</td><td>O</td><td>H</td><td>N</td><td>L</td></tr>
<tr><td>O</td><td>B</td><td>R</td><td>E</td><td>G</td><td>S</td><td>E</td><td>P</td><td>A</td><td>R</td><td>A</td><td>D</td><td>A</td><td>E</td><td>S</td><td>T</td><td>I</td><td>U</td><td>L</td><td>E</td><td>E</td></tr>
<tr><td>S</td><td>M</td><td>O</td><td>R</td><td>E</td><td>R</td><td>P</td><td>Ó</td><td>S</td><td>T</td><td>I</td><td>M</td><td>L</td><td>S</td><td>O</td><td>L</td><td>D</td><td>Ã</td><td>U</td><td>D</td><td>S</td></tr>
</table>

2 Numere a segunda coluna de acordo com a primeira.

I. nascente
II. leito
III. margem
IV. foz
V. afluente

( ) Local onde o rio deságua.
( ) Rio que deságua em outro rio principal.
( ) Local onde o rio nasce.
( ) Local por onde o rio corre.
( ) Terras localizadas ao lado do rio.

3 Pinte de verde a informação que se refere a um rio de planície e de amarelo a que se refere a um rio de planalto.

É utilizado para a produção de energia elétrica.	É utilizado como via de transporte.
Percorre um relevo plano.	Apresenta quedas-d'água e cachoeiras em seu curso.

As bacias hidrográficas brasileiras

A área de terra banhada por um rio e seus afluentes recebe o nome de bacia hidrográfica. O tamanho das bacias hidrográficas varia de acordo com a extensão do rio e o volume de suas águas.

No Brasil existem muitas bacias hidrográficas. Conheça as características de algumas delas.

A **Bacia Amazônica** é uma das maiores do mundo e ocupa terras do Brasil e de outros países da América do Sul. O rio principal é o Amazonas, que, em território nacional, é navegável por barcos e navios.

A **Bacia do Paraná** também ocupa terras de países vizinhos. Em seu rio principal – Paraná – e em vários de seus afluentes foram instaladas diversas usinas hidrelétricas, que produzem energia para a mais importante área industrial do Brasil.

A **Bacia do Paraguai** ocupa terras do Brasil e de países vizinhos, e seu principal formador, o Rio Paraguai, e seus afluentes banham a maior planície brasileira – a Planície do Pantanal.

A **Bacia do São Francisco** ocupa terras do Brasil, e seu principal rio – o São Francisco – é muito importante para a população dos estados por onde ele passa. Nesse rio foram instaladas várias usinas hidrelétricas, e em suas margens desenvolvem-se atividades agrícolas relevantes, como a fruticultura, isto é, o cultivo de frutas.

Brasil: bacias hidrográficas

© DAE/Studio Caparroz

Fonte: IBGE. Disponível em: <http://atlasescolar.ibge.gov.br/imagens/atlas_mapas_brasil_bacias.pdf>. Acesso em: jul. 2015.

#NaRede

Faça uma pesquisa na internet para descobrir quais são as usinas hidrelétricas instaladas no Rio São Francisco. Pesquise também as vantagens socioeconômicas e as desvantagens socioambientais decorrentes da instalação delas.

Registre no caderno as informações obtidas na pesquisa e, no dia marcado pelo professor, converse com os colegas sobre suas descobertas. Reflita bastante a respeito do tema e dê sua opinião quanto à instalação de novas usinas hidrelétricas.

É importante que, durante a troca de ideias com seus colegas, você utilize argumentos que justifiquem seu posicionamento, bem como respeite as opiniões contrárias à sua.

Sugerimos alguns *sites* para a pesquisa. É fundamental verificar a fonte das informações coletadas, para que não disseminemos mentiras ou dados incorretos. O conteúdo dos *sites* a seguir é produzido pelo governo do Brasil, uma fonte oficial e confiável de informação. Você pode perceber isso pela terminação ".gov.br" nos endereços.

- <www2.ana.gov.br/Paginas/portais/bacias/SaoFrancisco.aspx>
- <www.brasil.gov.br/meio-ambiente/2009/10/rios-e-bacias-do-brasil-formam-uma-das-maiores-redes-fluviais-do-mundo>

No endereço a seguir, clicando na seção O CBHSF, você poderá ver que o Comitê da Bacia Hidrográfica do Rio São Francisco é um órgão integrado pelo poder público, pela sociedade civil e por empresas usuárias de água, o que também traz confiabilidade ao conteúdo.

- <http://cbhsaofrancisco.org.br/a-bacia>

Para ir mais longe

Livro

- *O Rio São Francisco*, de Iraí Coronate e Fernanda Grandis. Editora FTD, 1997. Aborda a importância do Rio São Francisco e os problemas ecológicos enfrentados ao longo de seu curso.

Editora FTD

Site

- *Agência Nacional de Águas*. <www2.ana.gov.br/Paginas/portais/bacias/default.aspx>. Traz informações e mapas das bacias hidrográficas brasileiras.

Valores e vivências

Água

"A água faz parte do patrimônio do planeta. Cada continente, cada povo, cada nação, cada região, cada cidade, cada cidadão é plenamente responsável aos olhos de todos".

(Declaração Universal dos Direitos da Água, UNESCO, 1992)

[...] O uso racional e responsável [da água] é fundamental para o futuro da humanidade, já que o crescimento demográfico, a mudança na intensidade de consumo e o desenvolvimento das atividades humanas implicam maior pressão sobre os mananciais existentes. Segundo a Organização das Nações Unidas (ONU), no século 20, o uso cresceu duas vezes mais rápido do que a população.

[...]

Devemos visar o uso racional do líquido no cotidiano através de iniciativas que tenham como objetivo reduzir o seu consumo e estimular a adoção de novas atitudes e comportamentos. A população deve pensar e agir visando o crescimento econômico e respeitando a capacidade dos recursos do meio ambiente, sobretudo a água. A conscientização e a educação da população são fundamentais para mudanças em seus hábitos, para colaborar na conservação da água nas cidades. Pequenos cuidados fazem muita diferença na conta e no combate ao desperdício.

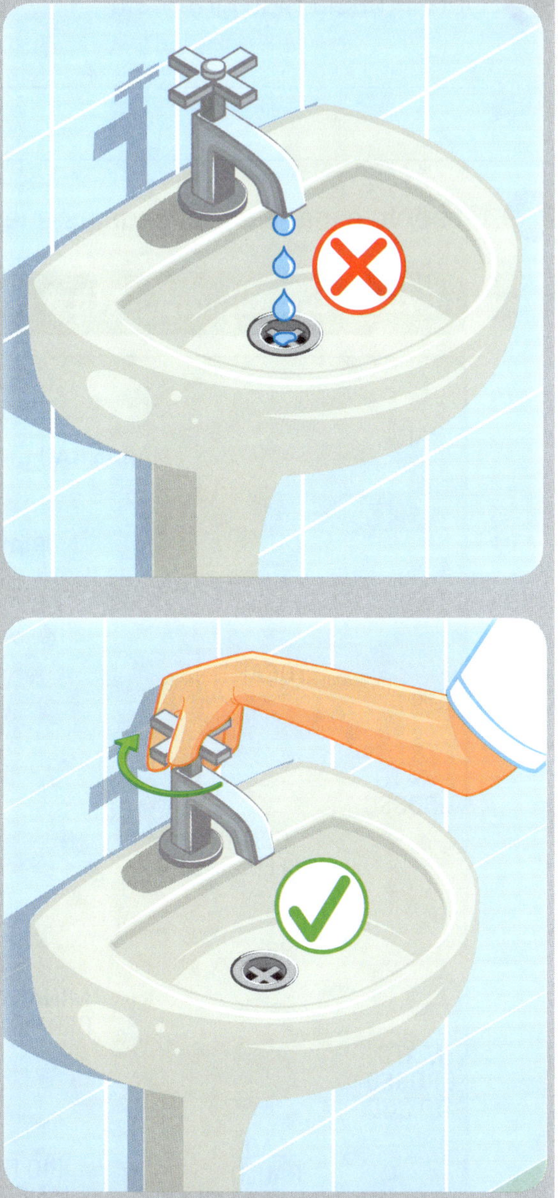

▶ Reduzir o desperdício de água é uma atitude que sempre devemos ter no dia a dia.

Racionalizar o uso da água não significa ficar sem. Significa usá-la sem desperdício. Considerá-la uma prioridade social e ambiental, para que a água tratada e saudável nunca falte em nossas torneiras.

[...]

Saneamento Básico do Município de Mauá. Disponível em: <www.pmmsama.sp.gov.br/agua>. Acesso em: jun. 2015.

Atividades

1 Defina bacia hidrográfica.

2 Observe o mapa e responda às questões.

Brasil: bacia hidrográfica do Rio São Francisco

Fonte: IBGE. Disponível em: <http://atlasescolar.ibge.gov.br/images/atlas_mapas_brasil_bacias.pdf>. Acesso em: jul. 2015.

a) Quais são os estados brasileiros banhados pelo Rio São Francisco?

b) Quais estados têm maior área banhada pelo Rio São Francisco?

3 Retome o mapa de bacias hidrográficas na página 135. Escolha uma das bacias hidrográficas e pesquise informações sobre:

a) rios principais dessa bacia;

b) forma de aproveitamento dos rios;

c) extensão;

d) territórios que ocupa.

Registre o resultado da pesquisa no caderno e, no dia marcado pelo professor, conte para os colegas o que descobriu.

4 Complete o quadro com as informações sobre duas bacias hidrográficas brasileiras.

	Principal rio	**Aproveitamento**
Bacia Amazônica		
Bacia do Paraná		

Um pouco mais sobre...

Na Bacia do Rio Paraná encontram-se muitas usinas hidrelétricas, entre elas a de Itaipu. Leia o texto a seguir, sobre essa usina, e depois faça o que se pede.

Gigante em berço esplêndido

Uma obra faraônica e um dos grandes feitos da engenharia brasileira. Fruto de parceria entre Brasil e Paraguai, a usina hidrelétrica de Itaipu, que entrou em operação há 30 anos, foi erguida para aproveitar o enorme potencial hidrelétrico do rio Paraná. Hoje, segue ainda uma das maiores do mundo e é um dos pontos centrais do sistema de geração de energia do país. Num momento em que o planejamento inadequado ameaça com a seca o estado mais desenvolvido do país e em que se discute quanto ainda pode ser aproveitado do potencial hidrelétrico brasileiro, relembrar a construção de Itaipu pode servir para reavaliar a importância de nossas bacias hidrográficas e para rediscutir as obras de instalações hidrelétricas planejadas e em andamento.

Os números de Itaipu impressionam qualquer um: para construí-la foram removidos 55 milhões de metros cúbicos de terra e rocha e cerca de 40 mil pessoas trabalharam na obra em seu momento mais intenso. O total de concreto usado na empreitada seria suficiente para construir 210 estádios do Maracanã, enquanto o ferro e o aço poderiam erguer 380 torres Eiffel. A altura da barragem principal corresponde a um prédio de 65 andares e seu lago ocupa uma área de 1350 quilômetros quadrados.

A construção de uma obra desse porte exigiu, é claro, modificações extremas na paisagem. Portanto, não teria como ocorrer livre de polêmicas e evitar a geração de enormes impactos sociais e ambientais. Por exemplo, seu lago submergiu inteiramente os saltos das Sete Quedas (Salto Guaíra), uma das maiores cachoeiras do mundo em volume de água, agora para sempre submersa. A obra também alterou o curso do rio Paraná, o que impactou a vida de milhares de pessoas na região. Empreendimentos recentes, como a Usina de Belo Monte, no rio Xingu, em plena Amazônia, têm enfrentado grande oposição justamente pelo impacto ambiental que provocarão.

Imagem da semana: 'Gigante em berço esplêndido'. *Ciência Hoje no Tumblr*, Instituto Ciência Hoje, 24 out. 2014. Disponível em: <http://cienciahoje.tumblr.com/post/100859964539/imagem-da-semana-gigante-em-berco-esplendido>. Acesso em: jul. 2015.

1 Complete o texto.

A Usina Hidrelétrica de Itaipu foi construída no Rio ____________________; portanto, a forma de relevo que esse rio percorre é ____________________. Essa usina foi feita graças à parceria entre dois países: Brasil e ____________________.

2 Por que o título do texto associa Itaipu com um gigante?

____

____

____

3 Cite um impacto ambiental provocado pela construção da Usina de Itaipu.

____

____

____

Revendo o que você aprendeu

1 Observe a fotografia. Depois responda às questões.

Cidade do Rio de Janeiro, 2014.

a) Qual é o ponto com maior altitude?

____

b) Qual é o ponto com menor altitude?

____

c) Qual é a referência para medir a altitude?

____

2 Complete as frases com as palavras do quadro.

ventos túneis ser humano chuva rios

a) O ______________ é um dos agentes modificadores do relevo.

b) Se existe uma montanha no caminho entre dois locais e o ser humano precisa ligá-los, são construídos ______________.

c) Os ______________ e a água dos ______________ e da ______________ são elementos modificadores do relevo.

3 Cite duas maneiras pelas quais o ser humano altera o relevo.

____

____

4 Sobre o relevo brasileiro, assinale as alternativas corretas:

a) ☐ apresenta grandes altitudes.

b) ☐ é formado por três formas básicas: planaltos, planícies e depressões.

c) ☐ o ponto culminante é o Pico da Neblina, localizado na Região Norte.

5 Complete o diagrama de palavras.

1. Conjunto de montanhas até 3 mil metros.

2. Áreas mais baixas que as terras ao redor.

3. Superfície irregular acima de 300 metros e que está sendo constantemente desgastada pela ação do vento e da chuva.

4. Superfície plana localizada próximo ao litoral ou rios.

5. Grande elevação de terra.

6 Complete as frases.

a) Rios de planalto podem ser utilizados para a construção de ______________________

______________________.

b) Rios de ______________________ são propícios para a navegação.

c) As partes de um rio são: ______________, ______________, ______________

e ______________.

d) Um rio que deságua em outro recebe o nome de ______________________.

e) ______________________________ é a área de terra banhada por um rio e seus afluentes.

7 Identifique a principal forma de aproveitamento de cada uma das bacias a seguir.

a) Bacia Amazônica
- ◻ irrigação
- ◻ geração de energia
- ◻ transporte

b) Bacia do Paraná
- ◻ irrigação
- ◻ geração de energia
- ◻ transporte

c) Bacia do São Francisco
- ◻ irrigação
- ◻ geração de energia
- ◻ transporte

d) Bacia do Paraguai
- ◻ irrigação
- ◻ geração de energia
- ◻ transporte

8 Identifique nos desenhos qual pode ser a forma de utilização desses dois rios. Depois pinte as imagens.

____

____

____

9 Reúna-se com dois colegas e, juntos, façam uma lista de atitudes que podem ser adotadas para evitar desperdício de água. Anote suas ideias aqui.

____

____

____

CAPÍTULO 7

Aspectos naturais do Brasil: o clima e a vegetação

Diálogo inicial

Rogerio Reis/Tyba

▶ Chuva na Floresta Amazônica, Amapá, 2012.

Mauricio Simonetti/Tyba

▶ Morro no sertão. Quixadá, Ceará, 2015.

Gerson Gerloff/Pulsar Imagens

▶ Campos cobertos de neve.
São José dos Ausentes, Rio Grande do Sul, 2013.

Fabio Colombini

▶ Pantanal em período de cheia.
Poconé, Mato Grosso, 2014.

As imagens retratam diferentes paisagens do Brasil. Observe-as e responda às questões.

1. Que diferenças podemos observar quanto à vegetação?

2. É possível perceber nas imagens diferenças no clima. Qual imagem mais lembra o clima do lugar onde você vive?

O Brasil e as zonas climáticas

Muitas vezes, ouvimos dizer que o Brasil é um país tropical e vemos imagens do país associadas a praias, sol e calor.

O Brasil é um país tropical porque tem a maior parte de seu território localizada entre os **trópicos de Câncer** e **de Capricórnio** e, portanto, está na zona térmica denominada tropical.

Essa é uma das zonas climáticas que existem no planeta. Como a Terra tem forma que se assemelha a uma esfera e uma inclinação em seu eixo de rotação, não recebe de modo igual os raios solares em suas partes.

Nas regiões próximas aos polos, a incidência dos raios solares é menor, e nas regiões próximas à Linha do Equador a incidência é maior.

Em função dessa diferença de intensidade dos raios solares, podemos dividir o planeta em zonas térmicas delimitadas pelos trópicos e círculos polares.

Mapa-múndi: zonas térmicas

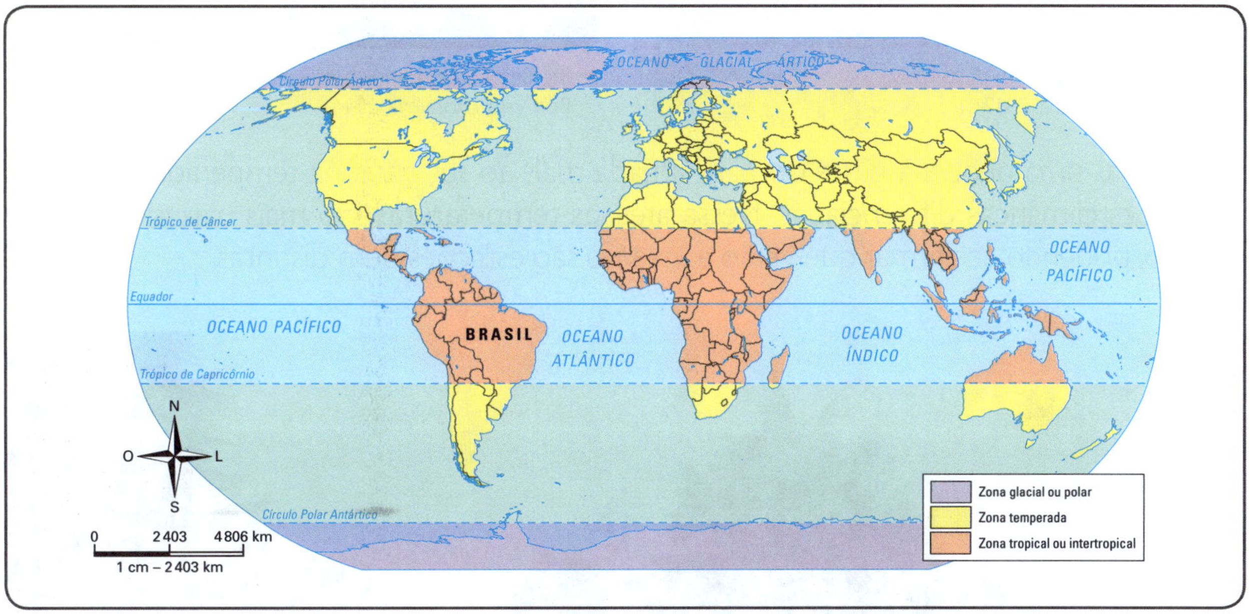

Fonte: *Atlas geográfico escolar*. 6. ed. Rio de Janeiro: IBGE, 2012. p. 58.

A **zona tropical** abrange a porção do planeta que se localiza entre os trópicos de Câncer e de Capricórnio. Essa região recebe com maior intensidade a luz e o calor do sol, sendo a área mais quente da Terra.

A **zona temperada** localiza-se tanto ao norte como ao sul do planeta. Entre o Trópico de Câncer e o Círculo Polar Ártico está a zona temperada do norte; entre o Trópico de Capricórnio e o Círculo Polar Antártico localiza-se a zona temperada do sul. Nessas áreas, as temperaturas são mais amenas e as estações do ano são bem definidas.

A **zona polar** é a mais fria do planeta. Existem a zona polar ártica, em torno do Polo Norte, e a zona polar antártica, em torno do Polo Sul. Nessas áreas, os raios solares atingem o planeta de forma muito inclinada, e por isso elas são menos iluminadas e aquecidas.

Como a maior parte do território brasileiro encontra-se na zona tropical do globo, predominam no país climas quentes, que se caracterizam por temperaturas elevadas e, em geral, com grande quantidade anual de chuvas. Em algumas áreas, as estações se diferenciam mais pela quantidade de chuvas do que pela temperatura, sendo caracterizadas como estação chuvosa e estação seca.

Ricardo Azoury/Pulsar Imagens

▶ Rio Branco em período de chuvas. Caracaraí, Roraima, 2012.

Andre Dib/Pulsar Imagens

▶ Rio Branco em período de estiagem. Boa Vista, Roraima, 2014.

Apenas uma pequena parte do país, situada mais ao sul, na zona temperada, apresenta condições climáticas diferenciadas. Nessa área, as temperaturas são mais baixas durante o inverno, podendo-se afirmar que verão e inverno são estações bem distintas.

Gerson Gerloff/Pulsar Imagens

▶ Baixa temperatura e neve na Serra Gaúcha. São José dos Ausentes, Rio Grande do Sul, 2013.

Atividades

1 Pinte no mapa, de acordo com a legenda, as zonas térmicas da Terra.

◆ **Amarelo**: polar ◆ **Laranja**: temperada ◆ **Vermelho**: tropical

Mapa-múndi: zonas térmicas

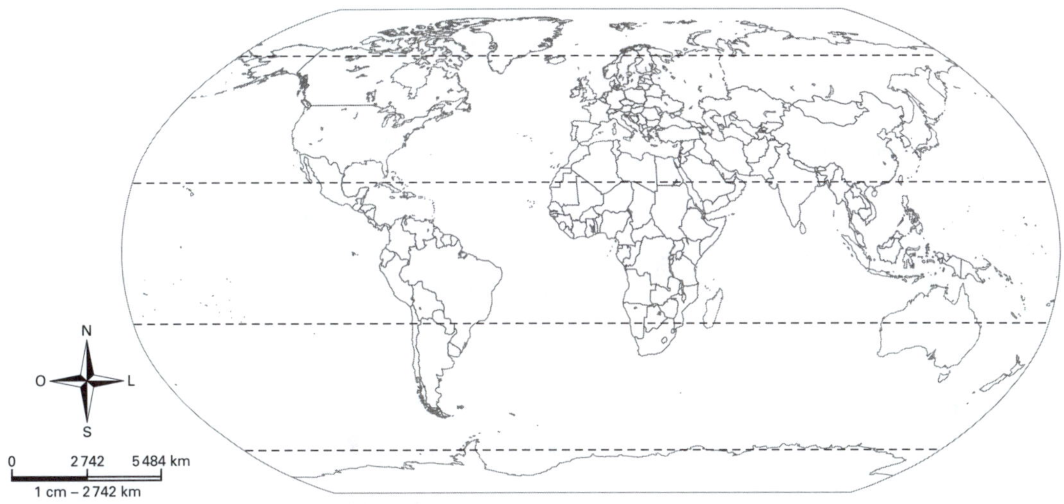

© DAE/Sônia Vaz

Fonte: *Atlas geográfico escolar*. 6. ed. Rio de Janeiro: IBGE, 2012. p. 58.

2 Seguindo a mesma indicação de cores da atividade anterior, pinte as ☆.

a) ☆ Situa-se entre os trópicos de Câncer e Capricórnio.

b) ☆ Situa-se entre os trópicos e os círculos polares.

c) ☆ Situa-se em torno dos polos Norte e Sul.

d) ☆ As temperaturas médias mantêm-se mais elevadas durante o ano.

3 Sobre o Brasil, marque as alternativas corretas.

a) A maior parte do território encontra-se na zona:

◆ ☐ temperada. ◆ ☐ tropical.

b) Predominam:

◆ ☐ climas quentes. ◆ ☐ climas frios.

c) A região que apresenta as temperaturas mais baixas está localizada:

◆ ☐ ao norte. ◆ ☐ ao sul.

Os tipos de clima do Brasil

Por ter uma grande extensão territorial, o Brasil apresenta diferentes tipos de clima. Observe, no mapa, quais são eles.

Brasil: tipos de clima

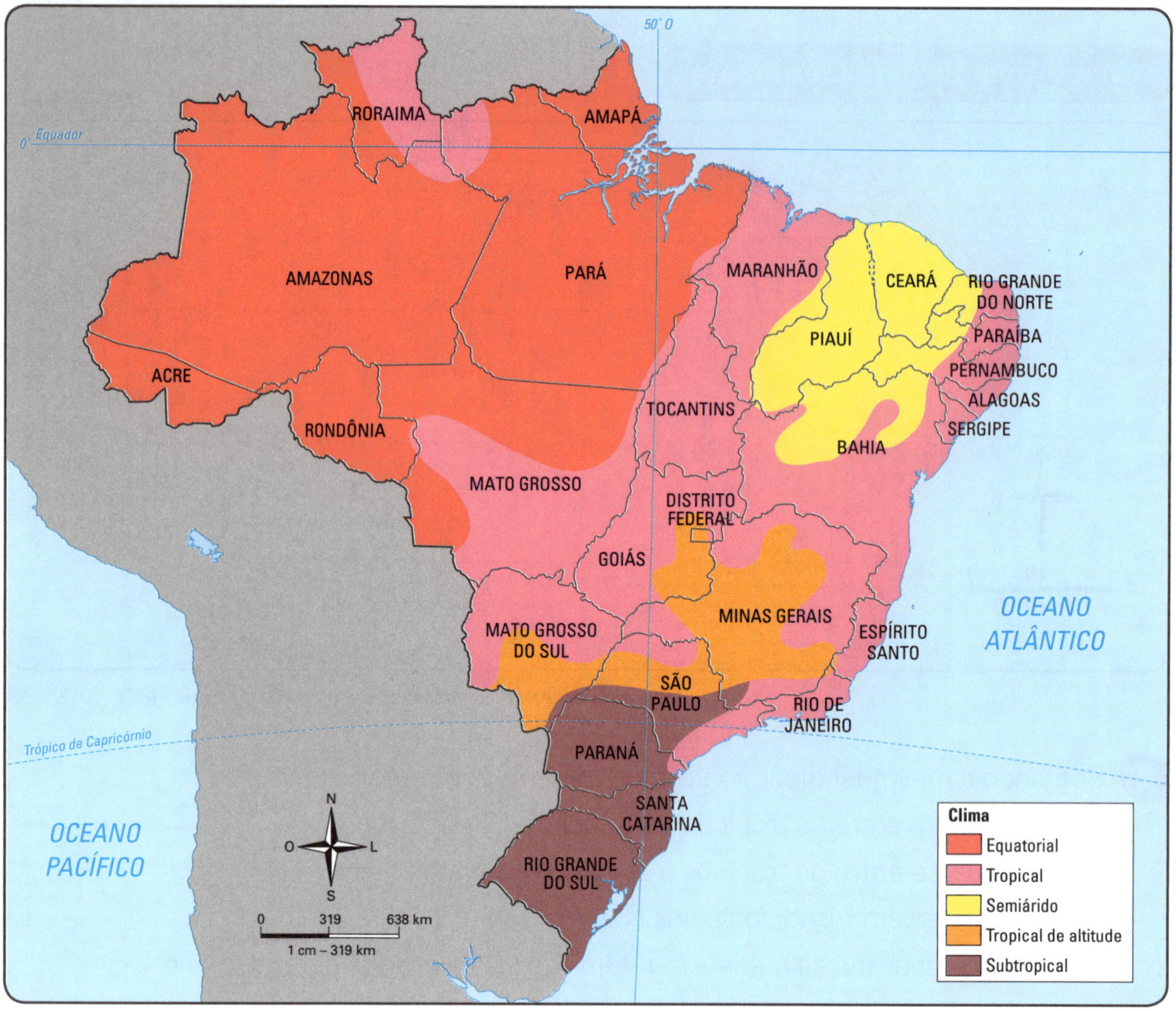

Fonte: Jurandyr Luciano Sanches Ross (Org.). *Geografia do Brasil*. 5. ed. São Paulo: Edusp, 2005. p. 107.

O **clima equatorial** predomina em grande parte do território brasileiro. É um clima muito chuvoso, que apresenta temperaturas elevadas o ano todo.

O **clima tropical** ocorre na porção central do país. Apresenta temperaturas elevadas durante o ano, mas uma de suas principais características é ter duas estações distintas: uma chuvosa e outra seca.

O **clima semiárido** diferencia-se dos demais tipos climáticos brasileiros pela baixa quantidade anual de chuvas. Nesse clima, típico do sertão nordestino, as chuvas estão concentradas em alguns meses, sendo os demais muito secos. As temperaturas são elevadas o ano todo.

O **clima tropical de altitude** ocorre nas áreas de planaltos elevados do Sudeste. As temperaturas e a quantidade de chuva são inferiores às encontradas no clima equatorial.

O **clima subtropical** é encontrado no Sul do país, na zona temperada. As chuvas são distribuídas durante todo o ano, mas há grande variação de temperatura e, nos meses de inverno (junho a setembro), faz frio.

Atividades

1 Escreva **V** se as informações forem verdadeiras e **F** se forem falsas. Depois, reescreva as frases falsas tornando-as verdadeiras.

a) ☐ O clima subtropical apresenta as temperaturas mais baixas do país.

b) ☐ No clima tropical as chuvas se concentram no verão.

c) ☐ Uma das características do clima semiárido é a regularidade das chuvas.

d) ☐ No clima equatorial, as temperaturas são baixas e chove somente em dois meses do ano.

____

____

____

____

____

2 Observe o mapa de climas do Brasil, que está na página 148, e localize nele o estado onde você mora. Depois, responda: Qual tipo de clima predomina no estado e quais são as características desse tipo climático?

____

____

____

3 Observe a tira e responda às questões:

a) Qual é o tipo de clima do local retratado na tira?

____

b) Quais são as características desse clima?

____

____

c) Onde predomina esse tipo de clima?

____

Diferenças entre clima e tempo

Quando alguém lhe pergunta a respeito do tempo no lugar onde você mora, sua resposta pode ser: nublado, chuvoso, com ventos fortes, frio ou quente. Esses são os estados da **atmosfera** nos períodos em que você está observando.

Em um dia nublado, o céu fica coberto de nuvens.

Vocabulário

Atmosfera: camada de gases que envolvem a Terra.

▶ Manaus, Amazonas, 2014.

Dias chuvosos são aqueles em que chove muito.

Nos dias ensolarados, temos a presença da luz e do calor do Sol.

Juca Martins/Olhar Imagem

São Paulo, São Paulo, 2015.

dabldy /Shutterstock

Rio de Janeiro, Rio de Janeiro, 2014.

Os **meteorologistas** consideram alguns elementos para fazer seus estudos sobre as condições e previsões do tempo. Entre esses elementos estão a temperatura e a umidade do ar atmosférico.

A temperatura é a quantidade de calor do ar atmosférico indicada por um termômetro.

Daniel Cymbalista/Pulsar Imagens

Termômetro com registro da temperatura do ambiente. São Paulo, São Paulo, 2013.

Em seu trabalho, os meteorologistas utilizam os dados referentes às maiores e menores temperaturas registradas ou que poderão ocorrer nos próximos dias, no caso da previsão do tempo. Elas são chamadas de temperaturas máximas e mínimas. Observe um mapa de previsão do tempo na página seguinte.

Vocabulário

Meteorologista: profissional que estuda fenômenos relacionados à previsão do tempo.

Outro elemento que faz parte do tempo atmosférico é a umidade do ar. Ela se refere à quantidade de vapor de água presente no ar. Nos dias quentes, a evaporação é maior, aumentando a umidade atmosférica. Nos dias frios, a evaporação diminui, tornando o ar mais seco.

As informações a respeito dos elementos que influenciam nas condições do tempo, coletadas durante longos períodos, são utilizadas para determinar os tipos de clima nas diferentes regiões do planeta. Assim, o clima pode ser definido como um estado médio da atmosfera em determinada área da superfície.

Previsão do tempo no Brasil

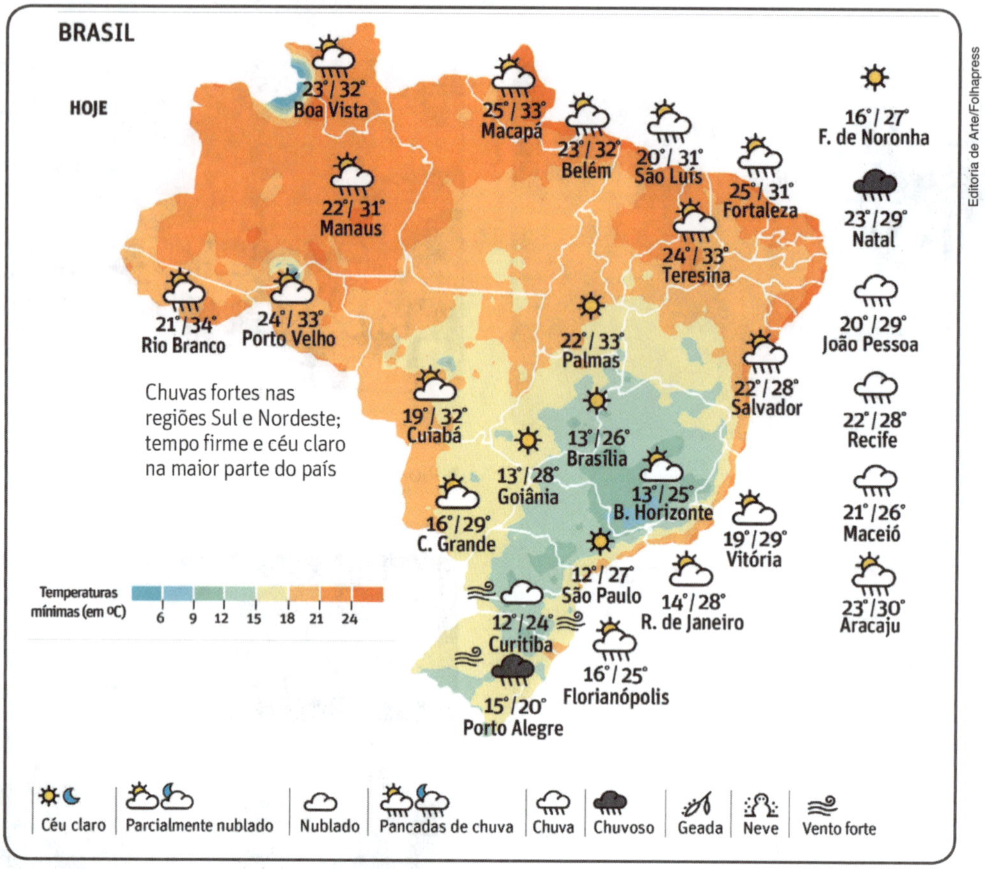

Fonte: *Folha de S.Paulo*, 25/06/2014. Cotidiano, página C2. Folhapress.

Valores e vivências

O inverno [...] é o período em que aumenta a incidência de gripes e resfriados e se agravam as doenças respiratórias na população. [...] Ao contrário do que muitas pessoas pensam, o frio não é o único responsável pelo agravamento das doenças respiratórias. Mudanças de hábito decorrentes da chegada do inverno também colaboram para prejudicar a saúde do indivíduo. É no inverno que as pessoas tendem a ficar dentro de suas casas se "escondendo do frio" com portas e janelas fechadas para evitar a entrada daquele ventinho gelado. Se você é uma dessas pessoas habituadas a se enclausurar em casa fugindo do frio, saiba que estudos mostram que cerca de 86% do tempo você fica em ambientes fechados, seja no ônibus, na escola, no trabalho ou no *shopping*. A aglomeração de pessoas nesse tipo de ambiente favorece a transmissão de vírus e bactérias, um dos principais responsáveis pelas doenças de inverno.

Marcos Jorge. Os males que o inverno traz. *Espaço Aberto*, São Paulo: USP, n. 44, jun. 2004. Disponível em: <www.usp.br/espacoaberto/arquivo/2004/espaco44jun/0capa>. Acesso em: jun. 2015.

Brincar e aprender

1 Encontre na paisagem o elemento que não pertence a ela. Como está o tempo atmosférico nesse local? Converse com os colegas a respeito.

Atividades

1 Complete as frases.

a) As informações a respeito do tempo atmosférico são usadas para definir os tipos de ______________________.

b) ______________________ é o profissional que estuda fenômenos relacionados à previsão do tempo.

c) Entre os elementos analisados para fazer a previsão do tempo estão ______________________ e ______________________.

2 Cite três estados do tempo atmosférico.

____

____

3 Nos mapas de previsão do tempo são usados símbolos para indicar os estados do tempo. Desenhe os símbolos que você usaria para indicar:

a) dia chuvoso; ☐

b) dia ensolarado; ☐

c) dia nublado; ☐

d) sol entre nuvens; ☐

e) nevando; ☐

f) tempestade; ☐

g) noite clara; ☐

h) noite chuvosa. ☐

4 Observe o mapa a seguir e responda às questões:

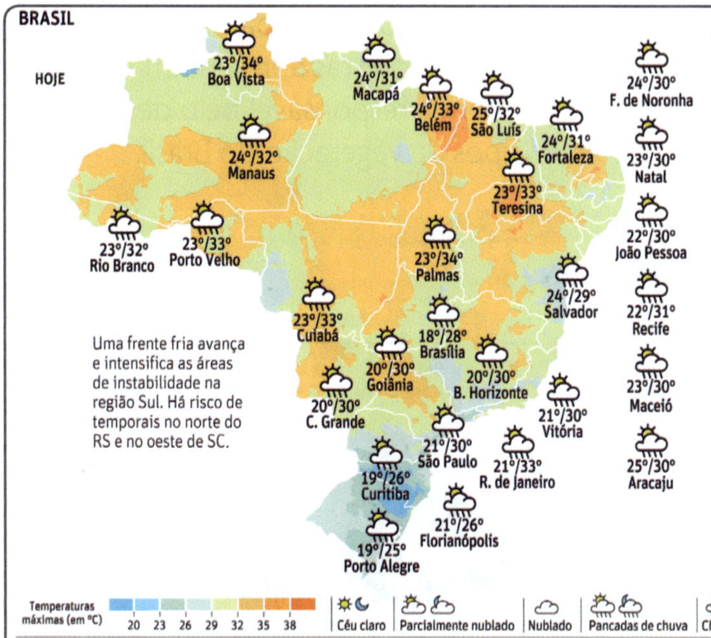

CAPITAIS

Fuso	Capital	Amanhã Mín.	Amanhã Máx.	Quarta Mín.	Quarta Máx.
0	Aracaju	24	31	23	31
0	Belém	24	32	24	32
0	Belo Horizonte	21	30	20	28
-1	Boa Vista	23	35	23	34
0	Brasília	18	28	19	27
-1	Campo Grande	20	30	20	30
-1	Cuiabá	23	32	23	32
0	Curitiba	16	25	14	18
0	Florianópolis	19	25	18	23
0	Fortaleza	24	30	24	28
0	Goiânia	20	31	20	28
0	João Pessoa	21	29	21	29
0	Macapá	24	32	24	31
0	Maceió	22	31	21	30
-1	Manaus	24	33	24	33
0	Natal	24	30	24	28
0	Palmas	23	34	23	33
0	Porto Alegre	17	23	14	24
-1	Porto Velho	23	32	23	31
0	Recife	21	32	22	29
-2	Rio Branco	23	31	23	31
0	Rio de Janeiro	22	34	20	28
0	Salvador	24	31	24	33
0	São Luís	24	32	24	30
0	São Paulo	22	28	18	23
0	Teresina	23	33	23	34
0	Vitória	21	32	21	29

Fonte: Climatempo (www.climatempo.com.br)

Editoria de Arte/Folhapress

MUNDO

Fuso	Cidade	Mín.	Máx.
+5	Amsterdã	4	17
-1	Assunção	23	32
+5	Barcelona	7	19
+6	Beirute	11	27
+5	Berlim	3	17
-2	Bogotá	6	15
-1	Boston	4	12
+5	Bruxelas	5	18
0	Buenos Aires	18	26
-1,5	Caracas	19	26
-2	Chicago	10	16
+7	Dubai	23	34
+5	Frankfurt	4	18
+5	Genebra	6	20
-1	Havana	24	34
+11	Hong Kong	22	30
+6	Jerusalém	14	28
+5	Johannesburgo	9	24
-1	La Paz	3	12
-2	Lima	19	25
+4	Lisboa	8	21
+4	Londres	3	17
-4	Los Angeles	12	24
+5	Madri	8	22
-2	México	10	26
-1	Miami	24	34
0	Montevidéu	16	27
-1	Montréal	4	11
+6	Moscou	-3	4
-1	Nova York	7	15
+5	Paris	5	20
+11	Pequim	8	25
+5	Roma	11	18
-4	S. Francisco	11	28
0	Santiago	9	25
+12	Seul	7	18
+13	Sydney	14	18
+12	Tóquio	14	20
-1	Toronto	9	19
-1	Washington	14	24

Fonte: *Folha de S.Paulo*, 20/04/2015. Cotidiano, página C2. Folhapress.

a) Em quais estados a temperatura máxima é mais elevada?

____

____

b) Em qual local a temperatura mínima é mais baixa?

____

____

Formações vegetais brasileiras

Você já deve ter observado que na natureza existem árvores, folhagens, flores etc. Ao conjunto de plantas de uma região damos o nome de **vegetação**.

A vegetação não é sempre igual. Ela varia de região para região de acordo com o tipo de relevo, o tipo de solo e o clima. A temperatura, a quantidade e o período das chuvas, assim como a maior ou menor presença de luz solar, são elementos fundamentais para a formação vegetal.

O Brasil apresenta uma grande variedade de tipos de vegetação.

Antes de começarmos a conhecer os diferentes tipos de vegetação, é importante lembrar que muitas áreas do país já não têm mais a vegetação original, que desapareceu principalmente em razão do desmatamento provocado pela expansão de atividades econômicas. Assim, diversas áreas que eram recobertas por florestas apresentam hoje cultivos ou criação de gado. O crescimento das cidades também é responsável pelo desaparecimento da vegetação original. Observe o mapa com os tipos de vegetação do Brasil.

Brasil: vegetação nativa

Fonte: Gisele Girardi e Jussara Vaz Rosa. *Atlas geográfico do estudante*. São Paulo: FTD, 2011. p. 26.

A **Floresta Amazônica** corresponde à vegetação natural que recobria quase metade do território brasileiro. Localizada em uma área de clima quente e úmido, é composta de vegetação fechada e árvores com mais de 40 metros de altura. É rica em **biodiversidade**, isto é, apresenta milhares de espécies vegetais e animais.

A **caatinga** é a vegetação encontrada na área de clima semiárido. Predomina no Nordeste brasileiro. É tipicamente seca e espinhosa.

Nos meses de seca, ela perde as folhas, que só reaparecem quando começam as chuvas.

A **mata de cocais** está presente, principalmente, no Piauí e no Maranhão, e é formada por diferentes espécies de palmeira, como o babaçu e a carnaúba. Ela é uma zona de transição entre dois outros tipos de vegetação muito diferentes entre si: a Floresta Amazônica e a caatinga.

Vocabulário

Biodiversidade: diversidade de formas de vida, isto é, de espécies existentes em determinada região.

A **Mata Atlântica** é uma floresta com grande variedade de espécies vegetais. Antigamente se estendia por grande parte do litoral brasileiro, do Rio Grande do Norte ao Rio Grande do Sul. Começou a ser explorada com a chegada dos portugueses ao Brasil, e hoje restam menos de 10% de sua área original, que foi sendo substituída por cidades e áreas de cultivo agrícola e criação de animais.

Ricardo Azoury/Pulsar Imagens

▶ Floresta Amazônica. Caracaraí, Roraima, 2012.

Pablo Pinheiro/Isuzu Imagens

▶ Vegetação de caatinga. Acari, Rio Grande do Norte, 2012.

Cesar Diniz/Pulsar Imagens

▶ Mata de cocais. Alcântara, Maranhão, 2014.

Fabio Colombini

▶ Mata Atlântica. Tapiraí, São Paulo, 2015.

A. Simon

▶ Vegetação de cerrado. Chapada dos Guimarães, Mato Grosso, 2013.

Gerson Sobreira/Terrastock

▶ Mata de araucárias. Lebon Régis, Santa Catarina, 2012.

Gerson Gerloff/Pulsar Imagens

▶ Vegetação típica dos campos. São José dos Ausentes, Rio Grande do Sul, 2012.

Daniel De Granville/Fotoarena

▶ Lagoas formadas no período de cheia no Pantanal. Aquidauana, Mato Grosso do Sul, 2012.

O **cerrado** ocupa uma extensa área na porção central do Brasil. É vegetação típica do clima tropical, que tem uma estação mais chuvosa e outra mais seca. É formado por árvores de pequeno e médio porte, com troncos retorcidos e casca grossa, além de vegetação rasteira. No cerrado, as árvores crescem afastadas umas das outras.

A **mata dos pinhais** ou **de araucárias**, típica do clima subtropical predominante no sul do Brasil, é formada majoritariamente por pinheiros. Sua principal espécie, a araucária, chega a atingir 50 metros de altura, e seu fruto, a pinha, contém de 10 a 150 sementes – os pinhões –, que servem de alimento para animais e seres humanos.

Presentes em diversas áreas do país, os **campos** caracterizam-se por vegetação de grama e capim. É uma vegetação muito utilizada para pastagem de gado bovino.

O **Pantanal** apresenta uma cobertura vegetal muito variada, pois nessa região é possível encontrar espécies da Floresta Amazônica, do Cerrado e dos campos. A atividade econômica predominante nas áreas cobertas por essa vegetação é a criação de gado. O Pantanal é uma região singular, pois anualmente é inundado pelas cheias do Rio Paraguai. Durante os meses de cheia, o gado é levado para áreas mais elevadas, que não ficam cobertas pela água.

A região do litoral também apresenta uma vegetação típica, com plantas rasteiras que crescem na areia das praias, chamada **restinga**, ou então **mangue**, tipo de vegetação encontrado na beira do mar, em regiões lamacentas onde o rio deságua no mar e que, por ter contato com a água salgada, apresenta as raízes expostas. Além de serem o hábitat de caranguejos, as áreas de mangues são importantes para a reprodução de muitas espécies de peixes.

Rogerio Reis/Tyba

▶ Mangue, tipo de vegetação litorânea. Tibau do Sul, Rio Grande do Norte, 2013.

Para ir mais longe

Editora do Brasil

Livros

- *Bichos do Cerrado*, de Eunice Pühler. São Paulo: Editora do Brasil, 2012.
  A obra trata dos bichos e das pessoas que vivem no Cerrado brasileiro.
- *Coleção Terras Brasileiras*, de Paula Saldanha. Rio de Janeiro: Ediouro, 2003.
  Os livros dessa coleção apresentam a diversidade da vegetação do Brasil e denunciam a devastação que esses ambientes têm sofrido.
- *Um dia na Amazônia*, de Gilson Barreto. São Paulo: Caramelo, 2006.
  O livro conta a história de Lucas e Bimbo, que, com a ajuda do curumim Cauã, exploram a fauna e a flora da Amazônia e ainda conhecem a culinária e outras curiosidades da região.

Site

- *Conheça os biomas brasileiros.* <www.brasil.gov.br/meio-ambiente/2009/10/biomas-brasileiros>.
  Apresenta as principais informações das formações vegetais do Brasil.

Baú de informações

Manguezal em risco

Você já viu um manguezal? Encontrado em regiões costeiras tropicais do Brasil e do mundo, esse ecossistema abriga diversas espécies e, infelizmente, sua existência está ameaçada por conta das mudanças climáticas. [...]

[...] pesquisadores descobriram que o manguezal vem sofrendo bruscamente com os impactos da inconstância climática, que ora traz épocas de muita chuva, ora traz longos períodos de seca. Durante os períodos úmidos, a vegetação do mangue tende a crescer, mas, nas épocas de seca, acontece o contrário e o mangue acaba se retraindo.

Marcos Amend/Pulsar Imagens

▶ Caranguejos em manguezal. Camocim, Ceará, 2014.

O problema é que, apesar de a maioria dos manguezais ficar na beira da água, também existem aqueles que não ficam nas margens de mares ou rios e sofrem menos inundação pelas marés. Nesse caso, em tempos de seca, a situação é ainda mais grave, pois eles dependem totalmente da água da chuva e, se ela não vem durante um longo período, o mangue pode até morrer.

Outro fator que preocupa os pesquisadores é o aumento do nível do mar. Considerado um ecossistema de transição, o manguezal fica localizado na divisão entre o ambiente terrestre e marinho e, caso o nível do mar aumente muito, a vegetação pode sufocar e ser obrigada a migrar continente adentro. [...]

Gabriel Toscano. Manguezal em risco. *Ciência Hoje das Crianças*, 19 ago. 2014. Disponível em: <http://chc.cienciahoje.uol.com.br/manguezal-em-risco/>. Acesso em: jul. 2015.

Atividades

1 Assinale a resposta correta. Vegetação é:

a) ( ) o conjunto de diferentes formas na superfície do planeta.

b) ( ) conjunto de plantas de uma região.

c) ( ) conjunto de águas de uma região.

2 Que fatores influenciam na vegetação?

____

____

3 Complete o diagrama de palavras com os tipos de vegetação do Brasil.

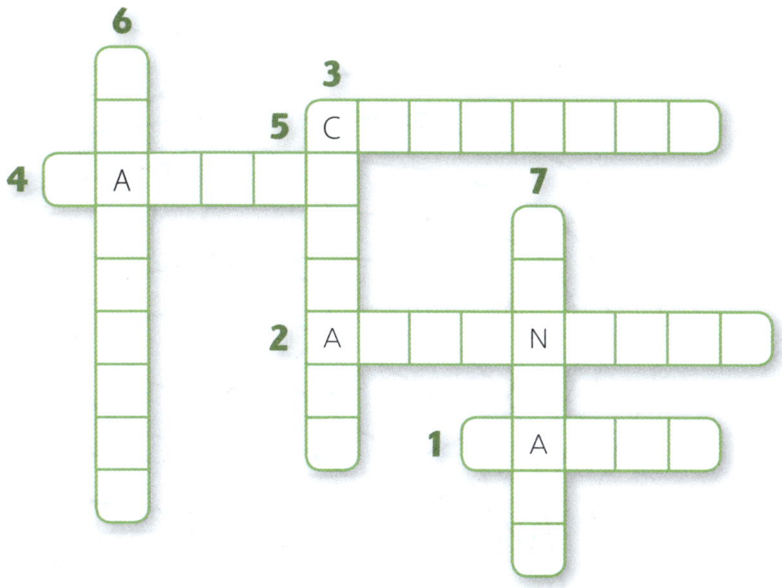

1. Vegetação rasteira formada por grama e capim. Fornece boas áreas de pastagem.

2. Mata que se estendia por grande parte do litoral brasileiro, do Rio Grande do Norte ao Rio Grande do Sul.

3. Vegetação formada por árvores de pequeno e médio porte, com troncos retorcidos, além de plantas rasteiras.

4. Vegetação encontrada em solo lamacento, em contato com a água salgada do mar, e que apresenta raízes expostas.

5. Vegetação encontrada no clima semiárido do sertão nordestino.

6. Floresta fechada, com árvores altas e em área de clima quente e úmido.

7. Vegetação típica do clima subtropical, encontrada no sul do Brasil, denominada mata dos...

4 Reúna-se com alguns colegas em equipe. Cada equipe ficará responsável por fazer uma maquete com um dos tipos de vegetação estudados. Na confecção da maquete podem ser usados recortes de revistas, papéis colados em palitos de dente ou sorvete para representar as árvores, tintas de várias cores, massa de modelar etc.

Brincar e aprender

1 Descubra a qual tipo de vegetação pertence a espécie retratada ligando as fotografias aos nomes da vegetação. Use uma cor diferente para cada caminho que marcar.

Gerson Gerloff/Pulsar Imagens

▶ Jaquirana, Rio Grande do Sul, 2015.

▶ Carnaúba dos Dantas, Rio Grande do Norte, 2012.

Ernesto Reghran/Pulsar Imagens

▶ Alta Floresta, Mato Grosso, 2011.

Fabio Colombini

Palê Zuppani/Pulsar Imagens

▶ Tocantins, 2010.

Mata de araucárias	Mata de cocais	Caatinga	Floresta Amazônica

◈ Alterações na cobertura vegetal brasileira

A vegetação é muito importante para os seres vivos e para o desenvolvimento da vida na Terra, pois é o hábitat de inúmeras espécies de animais, desde jacarés até pequenos insetos.

As formações vegetais fornecem alimentos, remédios e sombra, purificam o ar e fornecem oxigênio para podermos respirar. As áreas verdes também ajudam a regular o clima, mantendo a umidade do ar e tornando a temperatura mais amena.

As raízes dos vegetais e as copas das árvores protegem o solo da ação erosiva do vento e da água. As folhas das copas das árvores amortecem os pingos da chuva e evitam que caiam com força sobre o solo, causando erosão.

Observe como fica o solo, após a chuva, em uma área com vegetação e em outra sem.

Edson Sato/Pulsar Imagens

▶ Paisagem de buritizeiros em área alagada. Mucajaí, Roraima, 2012.

Douglas Cometti/Folhapress

▶ Solo com erosão. Ouro Preto, Minas Gerais, 2010.

Em várias áreas do Brasil ocorrem atividades que podem afetar negativamente a vida das pessoas, de outros seres vivos e o equilíbrio ambiental.

Na Floresta Amazônica, por exemplo, a exploração de madeira, as queimadas e a derrubada da mata para cultivos ou criação de gado têm sido motivo de grandes preocupações. A floresta tem uma enorme variedade de espécies vegetais e animais, que está se perdendo com o desmatamento.

Rogerio Reis/Olhar Imagem

▶ A mineração é outra atividade que tem prejudicado a Floresta Amazônica. A extração de minérios é responsável pelo desmatamento de vastas áreas de floresta. Calçoene, Amapá, 2012.

Queimada no cerrado. Brumadinho, Minas Gerais, 2012.

Na porção recoberta por cerrado também ocorrem desmatamentos, provocados principalmente pela introdução de cultivos de soja ou pela criação de gado, bem como pela utilização de árvores e arbustos na produção de carvão vegetal.

Na área recoberta pela caatinga ocorre situação semelhante à do cerrado. Os arbustos são cortados para serem transformados em carvão. Sem a vegetação, os animais que vivem na região não sobrevivem.

Carvoaria instalada em área de cerrado. Madre de Deus de Minas, Minas Gerais, 2012.

A Mata Atlântica e a mata de araucárias foram quase totalmente destruídas pela ação humana. A exploração da madeira, a atividade agropecuária e o crescimento das cidades reduziram essas formações vegetais a menos de 10% do tamanho original.

Alguns manguezais próximos às cidades litorâneas também têm desaparecido, porque são aterrados a fim de serem transformados em lotes para novas construções.

Desmatamento na Mata Atlântica. Porto Seguro, Bahia, 2012.

Atividades

1 Leia a tira e depois responda às questões.

Mauricio de Sousa Editora Ltda

a) Qual é a utilidade das plantas na visão da Magali (1º quadrinho)?

____

b) No 3º quadrinho aparece um cacto, planta sem folhas e com espinhos. Em qual formação vegetal encontramos esse tipo de vegetação?

____

2 De que modo as árvores protegem o solo?

____

____

3 Cite duas situações que evidenciem a importância das árvores para o clima.

____

____

____

4 Quais são as principais agressões que a vegetação natural do Brasil vem sofrendo desde o início da colonização?

____

____

____

5 Você concorda com o texto a seguir? Justifique sua resposta.

O planeta Terra é a casa de todos nós e, como toda casa, também tem seus limites.

Os seres humanos, usando de suas habilidades, acabam por produzir uma montanha de coisas que não mais lhes servem, através do funcionamento de indústrias, comércios e residências. [...]

O ar que respiramos e a água de que necessitamos diariamente vão se tornando cada vez piores para o nosso consumo.

Com certeza, se continuarmos a agredir o meio ambiente dessa maneira, em breve estaremos sentindo muito as consequências desses nossos atos. [...]

Nossa saúde depende muito dessas atitudes, e o respeito à natureza é uma forma de melhorarmos a qualidade de vida do planeta.

Leonardo Mendes Cardoso. *Planeta Terra: nossa casa!* São Paulo: Editora do Brasil, 2005. p. 4, 16 e 24.

____

____

____

____

____

____

Revendo o que você aprendeu

1 Complete o diagrama.

1. Zona climática que apresenta as maiores temperaturas.

2. Vapor de água da atmosfera.

3. Zona climática que fica entre a tropical e a polar.

4. Zona climática que apresenta as menores temperaturas do planeta.

5. Clima com altas temperaturas e chuvas durante todos os meses do ano.

6. Clima que se caracteriza por um verão chuvoso.

7. Clima com invernos frios.

8. Clima com chuvas raras.

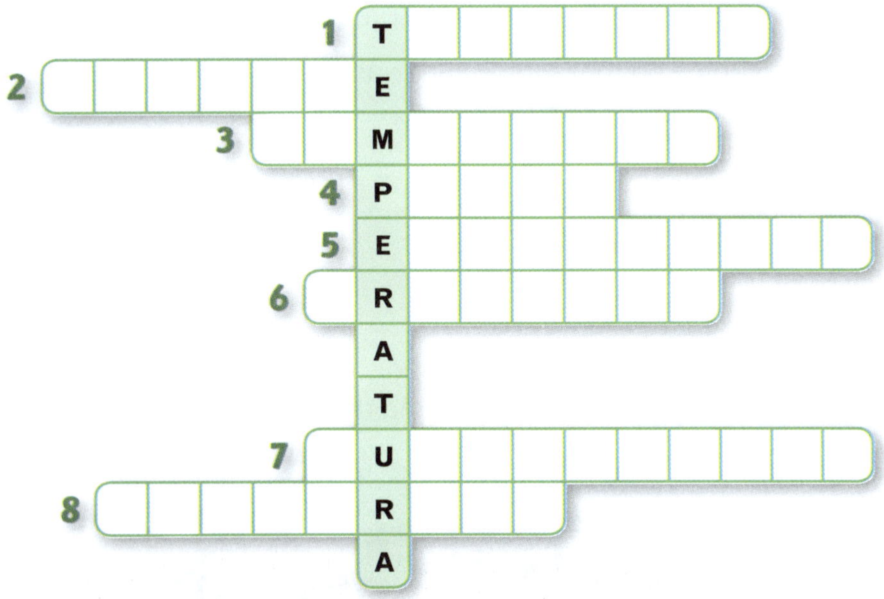

2 Complete as frases com informações do texto sobre as zonas térmicas.

a) A área mais quente do planeta é a que se localiza na zona ______________________, que fica entre o ____________________________________ e o ____.

b) As áreas em torno dos círculos polares estão na zona ____________________ e apresentam temperaturas ____________________.

c) A maior parte do território brasileiro encontra-se na zona ______________________.

d) Uma parte menor do território brasileiro está na zona ______________________.

3 Assinale as alternativas correta.

a) Na caatinga podemos encontrar:

- ◇ ☐ árvores grandes.
- ◇ ☐ vegetação rasteira.
- ◇ ☐ plantas sem folhas e com espinhos.

b) A vegetação de mangue caracteriza-se por:

- ◇ ☐ raízes expostas e vegetação adaptada para entrar em contato com a água salgada do mar.
- ◇ ☐ vegetação rasteira.
- ◇ ☐ árvores altas e bem próximas umas das outras.

c) Uma árvore típica da mata de araucárias é:

- ◇ ☐ a carnaúba.
- ◇ ☐ o pinheiro.
- ◇ ☐ o babaçu.

4 Observe a fotografia e sua legenda. Depois escreva uma frase que explique o tipo de vegetação mostrado na imagem e o clima dessa região.

Ricardo Azoury/Pulsar Imagens

▶ Vista aérea da floresta do Parque Nacional Serra da Mocidade. Caracaraí, Roraima, 2012.

____

____

____

____

5 Complete o quadro com as características das formações vegetais.

Cerrado	
Mata Atlântica	
Campo	

6 Observe a charge e escreva uma frase sobre o problema que ela aborda.

Son Salvador/EM/D.A Press

CAPÍTULO 8

Transportes no Brasil

Diálogo inicial

Observe a imagem da Rodovia dos Imigrantes, que liga a cidade de São Paulo ao litoral sul paulista, onde fica o maior porto brasileiro – o Porto de Santos. Depois, responda oralmente às questões.

Delfim Martins/Pulsar Imagens

▶ Rodovia dos Imigrantes. Cubatão, São Paulo, 2013.

1. Você já viajou alguma vez? Qual meio de transporte utilizou?
2. Que meio de transporte é mais utilizado no município onde você vive?
3. Você considera importante os cuidados com a manutenção e conservação das vias de transporte? Por quê?

O transporte por ferrovias

Em nosso país temos diferentes meios de transporte, entre eles os que utilizam as linhas férreas e rodoviárias. As ferrovias surgiram no Brasil na segunda metade do século XIX, tendo sido instaladas, principalmente, para transportar café, que na época era nosso principal produto de exportação. O café era plantado, sobretudo, no interior dos estados de Minas Gerais, Rio de Janeiro e São Paulo e transportado por trens até os portos, onde era colocado em navios.

Durante várias décadas, as ferrovias foram o principal meio de transporte de mercadorias do Brasil, mas elas estavam concentradas em poucos estados, sendo São Paulo o que apresentava o maior número dessas vias de transporte.

A partir da segunda metade do século XX, diversas ferrovias entraram em decadência porque não se modernizaram, ao mesmo tempo que o transporte pelas rodovias passou a receber mais investimentos. Atualmente, há pouco mais de 30 mil quilômetros de estradas de ferro, e muitas delas transportam minérios, como ferro e manganês, das áreas onde são extraídos até os portos.

Veja no mapa o percurso das ferrovias brasileiras.

Diego Dunga /Creative Commons

Trem transportando minério de ferro com destino ao Porto de Tubarão, Espírito Santo. Governador Valadares, Minas Gerais, 2012.

Brasil: ferrovias (2013)

© DAE/Sonia Vaz

Fonte: Ministério dos Transportes. Disponível em: <www2.transportes.gov.br/bit/03-ferro/ferro.html>. Acesso em: jul. 2015.

Baú de informações

Trânsito parado, carros ocupados por apenas uma ou duas pessoas, ônibus lotados que disputam espaços nas mesmas vias utilizadas pelos outros **modais** de transporte. As cenas são comuns e fazem com que a **mobilidade urbana** seja um desafio às grandes cidades brasileiras. Para a Agência Nacional de Transportes Terrestres (ANTT), uma das soluções possíveis para reverter o quadro é incentivar a reutilização do transporte ferroviário de passageiros.

Vocabulário

Mobilidade urbana: refere-se às condições em que se realizam os deslocamentos de pessoas e mercadorias no espaço do município.

Modal: referente a modo ou modalidade.

Mourão Panda / Fotoarena

▶ Vagão do trem que faz a viagem de Belo Horizonte, em Minas Gerais, a Vitória, no Espírito Santo. Esta é a viagem mais longa feita de trem de passageiros no Brasil. Fotografia de 2015.

[...] Hoje, o Brasil possui apenas três serviços regulares de transporte ferroviário regional de passageiros: entre Vitória e Belo Horizonte; entre Paraupebas (PA) e São Luís, conhecida como Estrada de Ferro Carajás; e de Curitiba para Paranaguá (PR). [....]

Helena Martins. Estudo aponta trens como alternativa para melhorar mobilidade urbana. *Agência Brasil*, 29 abr. 2014. Disponível em: <http://agenciabrasil.ebc.com.br/geral/noticia/2014-04/estudo-aponta-trens-como-alternativa-para-melhorar-mobilidade-urbana>. Acesso em: jun. 2015.

Para ir mais longe

Filme

▶ *O expresso polar*. Direção: Robert Zemeckis. Warner Bros., 2004.

Um garoto embarca numa incrível viagem em um trem de ferro, no qual ele viverá uma grande aventura.

Divulgação

Site

▶ *Transporte Ferroviário do Brasil*. <www2.transportes.gov.br/bit/03-ferro/ferro.html>. O *site* apresenta informações referentes ao transporte ferroviário no Brasil, com mapas e vídeos.

O transporte por rodovias

Atualmente, as rodovias são o principal tipo de transporte do Brasil. O país apresenta cerca de 1 milhão e 600 mil quilômetros de estradas de rodagem, das quais pouco mais de 200 mil quilômetros são **pavimentados**.

Um dos maiores problemas das rodovias brasileiras é a má conservação: estradas esburacadas e sem sinalização representam um grande perigo para os motoristas que circulam por elas.

A maior parte das rodovias foi construída na segunda metade do século XX, tornando-se a principal opção para transportar cargas e pessoas.

Esse tipo de transporte não é tão econômico quanto o ferroviário ou o **hidroviário**, pois um caminhão carrega bem menos carga que um vagão de trem ou um barco, e o custo final acaba sendo mais elevado.

Veja no gráfico como são transportadas as cargas no Brasil.

Vocabulário

Hidroviário: transporte feito pela água.

Pavimentado: solo que foi revestido, geralmente com asfalto.

Brasil: meio de transporte de cargas (2012)

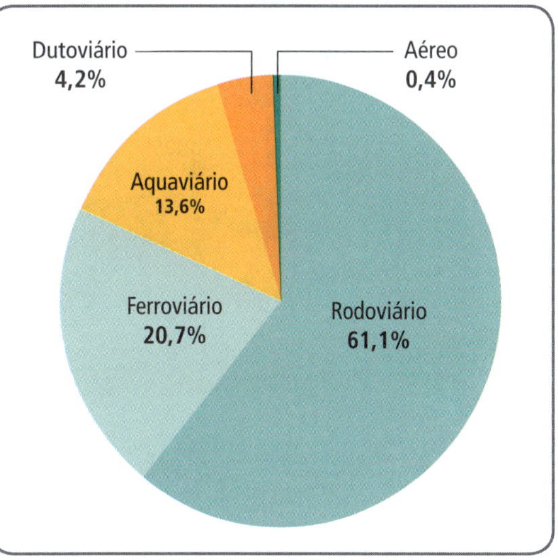

Fonte: CNT. Disponível em: <www.cnt.org.br/Imagens%20CNT/PDFs%20CNT/Boletim%20Estat%C3%ADstico/junho_2013_estatistico.pdf>. Acesso em: jul. 2015.

Cesar Diniz/Pulsar Imagens

▶ Tráfego de veículos na Rodovia Presidente Dutra (BR-116). Lorena, São Paulo, 2012.

Marcos Michelin/EM/D.A Press

▶ Tráfego de veículos em trecho esburacado na rodovia BR-040. Patos de Minas, Minas Gerais, 2013.

A rede de rodovias mais extensa do Brasil é federal, isto é, construída pelo governo federal, sediado em Brasília. As rodovias federais são conhecidas pela sigla **BR**. Em cada estado existem rodovias estaduais, que são identificadas pela sigla do estado. Por exemplo, as estradas estaduais de Minas Gerais têm como identificação a sigla **MG**.

Uma das rodovias federais de maior extensão é a BR-101, que se estende do Rio Grande do Norte ao Rio Grande do Sul, atravessando 12 estados. Veja no mapa o traçado das rodovias brasileiras.

Brasil: rodovias (2013)

Fonte: Ministério dos Transportes. Disponível em: <www2.transportes.gov.br/bit/02-rodo/rodo.html>. Acesso em: jul. 2015.

Os estados que ocupam a faixa litorânea do território brasileiro apresentam grande concentração dessas vias. Como Brasília é a capital nacional, há um conjunto de rodovias que a ligam a diferentes pontos do país.

Olho vivo!

Como você já aprendeu, o *site* da fonte de mapa é confiável, pois tem em seu endereço as palavras ".gov.br", o que indica que o conteúdo é produzido pelo governo do país.

#NaRede

Vamos aprender a ler um mapa de rodovias?

1. Primeiro, acesse o seguinte *site*:
   - <www2.transportes.gov.br/bit/02-rodo/rodo.html>
2. Clique na localização da região onde está o estado em que você mora. Uma nova janela se abrirá com o mapa.
3. Você poderá ver, na barra superior ou em um dos cantos da tela, os seguintes símbolos:

   Essa lupa com o sinal **+** no meio indica o comando de *zoom*, ou seja, a possibilidade de ver o mapa mais de perto, em detalhes. Da forma contrária, a lupa com o sinal **–** indica a possibilidade de ver o mapa mais de longe, tendo uma visão do todo.
4. Clique para dar *zoom* no mapa até que seja possível visualizar o nome das cidades. Caso não encontre as lupas na tela, você pode usar as teclas "Ctrl" e "+" ou "Ctrl" e "–".
5. Escolha dois municípios e veja que rodovias devem ser usadas para se deslocar entre eles. Observe também se são rodovias federais ou estaduais. Para isso, você pode consultar a legenda do mapa, localizada no canto inferior esquerdo da tela sem *zoom*.

Atividades

1 Complete os diagramas com as respostas para as questões a seguir.

a) Qual era o principal produto transportado pelas ferrovias na segunda metade do século XIX?

b) Qual estado tinha o maior número de ferrovias no século XIX?

c) Quais são os principais produtos transportados atualmente pelas ferrovias brasileiras?

d) Qual é a principal via de transporte utilizada atualmente em nosso país?

2 No município onde você mora, ou nos municípios próximos ao seu, existe uma ferrovia? Você sabe quais produtos os trens que passam por ela transportam?

____

____

____

3 Responda às questões.

a) Quais são os perigos da falta de conservação das rodovias?

____

____

____

b) Por que o sistema ferroviário é considerado mais econômico do que o rodoviário?

____

____

c) Por que algumas rodovias apresentam a sigla **BR**?

____

____

4 Justifique a importância de medidas para a melhoria da mobilidade urbana.

____

____

5 Compare os mapas das páginas 171 e 174. Neles é possível ver a malha ferroviária e a malha rodoviária do Brasil. Qual delas está presente em maior parte do território brasileiro?

____

____

____

O transporte hidroviário

O transporte hidroviário de mercadorias e de pessoas se dá por meio de barcos, navios ou balsas, utilizando a água dos oceanos, mares, lagos, rios ou canais como via de transporte.

O Brasil apresenta um grande potencial para a navegação, tanto para o **transporte marítimo**, utilizando como via de comunicação os mares abertos, como **transporte fluvial**, usando os rios.

Para a navegação **marítima**, o Brasil conta com um extenso litoral, o que a princípio é um fator favorável à criação de portos.

Alguns portos brasileiros são especializados em determinado tipo de carga, como os portos de Tubarão, no Espírito Santo, e de Itaqui, no Maranhão, de onde partem para exportação muitos minérios, principalmente ferro.

Brasil: principais portos (2013)

© DAE/Sonia Vaz

Fonte: Agência Nacional de Transportes Aquaviários. Disponível em: <www.antaq.gov.br/portal/localizaportos.html>. Acesso em: jul. 2015.

Mauricio Simonetti/Pulsar Imagens

Complexo Portuário de Itaqui. São Luís, Maranhão, 2013.

Entretanto, o Brasil enfrenta inúmeros problemas com o transporte marítimo, porque diversos portos não se modernizaram, diferentemente de portos de vários outros países.

Os portos brasileiros têm atendimento lento. Em muitos há carência de equipamentos, como guindastes para carregar ou descarregar mercadorias. Esse é um dos motivos para a formação de grandes filas de navios à espera do embarque ou desembarque de mercadorias. É o que ocorre, por exemplo, no Porto de Santos, no litoral de São Paulo, considerado o principal porto brasileiro.

APPA

Porto de Paranaguá. Paranaguá, Paraná, 2012.

Em alguns portos ocorrem frequentes vazamentos de petróleo, que provocam sérios problemas ambientais, entre os quais, morte dos peixes e danos às praias, que ficam impróprias para o banho.

As melhores condições para o transporte por **hidrovias** são encontradas no Norte do país, pois ali estão o Rio Amazonas e seus afluentes, todos com grande volume de água. No entanto, essa ampla rede de rios é pouco usada, porque a área não é muito populosa e desenvolve poucas atividades econômicas.

Outras bacias hidrográficas, como as do Rio São Francisco, do Rio Paraná, do Rio Paraguai e do Araguaia-Tocantins, também apresentam grande capacidade de transporte.

Apesar de ser um tipo de transporte barato, pois um barco pode transportar grande volume de carga a um custo baixo (comparativamente com os demais meios de transporte), as hidrovias ainda são pouco exploradas no Brasil.

Veja no mapa as principais hidrovias brasileiras.

Brasil: hidrovias (2013)

Fonte: ANP. Disponível em: <www.anp.gov.br/brasil-rounds/round2/pdocs/pinfra/Phidrovias.htm>. Acesso em: jun. 2015.

Para ir mais longe

Sites

- *Transporte Hidroviário do Brasil*. <www2.transportes.gov.br/bit/04-hidro/hidro.html>. O *site* disponibiliza mapas, fotografias e informações a respeito do transporte hidroviário no Brasil.
- *Agência Nacional de Transportes Aquaviários*. <www.antaq.gov.br>. No *site* é possível ver estatísticas, glossários, legislações, entre outras informações relativas ao transporte aquaviário.

Baú de informações

Hidrovias no Brasil

Hoje, a navegação fluvial no Brasil está numa posição inferior em relação aos outros sistemas de transportes. É o sistema de menor participação no transporte de mercadoria no Brasil. Isto ocorre devido a vários fatores. Muitos rios do Brasil são de planalto, por exemplo, apresentando-se encachoeirados, portanto, dificultam a navegação. É o caso dos rios Tietê, Paraná, Grande, São Francisco e outros. Outro motivo são os rios de planície facilmente navegáveis (Amazonas e Paraguai), os quais se encontram afastados dos grandes centros econômicos do Brasil.

Thomaz Vita Neto/Tyba

Eclusa da Usina Hidrelétrica Nova Avanhandava. Buritama, São Paulo, 2012.

Rubens Chaves/Pulsar Imagens

Porto de Manaus. Manaus, Amazonas, 2014.

Nos últimos anos têm sido realizadas várias obras, com o intuito de tornar os rios brasileiros navegáveis. Eclusas são construídas para superar as diferenças de nível das águas nas barragens das usinas hidrelétricas. É o caso da eclusa de Barra Bonita no rio Tietê e da eclusa de Jupiá no rio Paraná, já prontas.

Existe também um projeto de ligação da Bacia Amazônica à Bacia do Paraná. É a hidrovia de Contorno, que permitirá a ligação da região Norte do Brasil às regiões Centro-Oeste, Sudeste e Sul, caso implantado. O seu significado econômico e social é de grande importância, pois permitirá um transporte de baixo custo.

O Porto de Manaus, situado à margem esquerda do rio Negro, é o porto fluvial de maior movimento do Brasil e com melhor infraestrutura. Outro porto fluvial relevante é o de Corumbá, no rio Paraguai, por onde é escoado o minério de manganês extraído de uma área próxima da cidade de Corumbá.

Hidrovias no Brasil. *Ambiente Brasil*. Disponível em: <http://ambientes.ambientebrasil.com.br/agua/recursos_hidricos/hidrovias_no_brasil.html>. Acesso em: jun. 2015.

Atividades

1 Complete as frases.

a) O transporte aquático, feito por meio de ______________, navios ou balsas, utiliza a ______________ como via.

b) O transporte feito pelo mar é chamado de ______________ e o que utiliza os rios chama-se ______________.

c) A região brasileira que mais utiliza o transporte fluvial é a ______________.

2 Cite uma vantagem e uma desvantagem na utilização do transporte aquático.

____

____

____

3 Explique o problema do transporte marítimo no que se refere à questão dos portos.

____

____

4 Assinale a alternativa correta com relação ao Porto de Tubarão.

a) Localiza-se no estado:

- ☐ de São Paulo.
- ☐ do Espírito Santo.
- ☐ de Santa Catarina.

b) É um porto:

- ☐ fluvial.
- ☐ marítimo.

c) É utilizado principalmente para o transporte de:

- ☐ café.
- ☐ minério de ferro.
- ☐ passageiros.

O transporte aéreo

O transporte aéreo, feito principalmente por avião, é o meio mais rápido quando comparado aos outros tipos de transporte, mas também o mais caro e pouco utilizado quando se trata de cargas.

O Brasil tem diversos aeroportos, alguns deles internacionais (ou seja, recebem aviões de vários países do mundo).

Juvenal Pereira/Pulsar Imagens

Vista aérea do Aeroporto Internacional de São Paulo, o mais movimentado do Brasil. Guarulhos, São Paulo, 2012.

Semelhantemente ao que ocorre com os portos, os aeroportos brasileiros enfrentam problemas por não ter se modernizado. Nos últimos anos, os principais aeroportos internacionais passaram a receber mais investimentos, sobretudo em infraestrutura, mas ainda não atendem adequadamente à demanda.

A quantidade de pessoas que utilizam o transporte aéreo no Brasil aumentou bastante desde o início do século XXI, principalmente para voos domésticos (entre cidades brasileiras). Quanto aos voos internacionais, o aeroporto que opera o maior número de viagens é o de Cumbica, localizado no município de Guarulhos, próximo ao município de São Paulo.

Leo Drumond/Nitro

Embarque de cargas no Aeroporto Internacional Tancredo Neves. Confins, Minas Gerais, 2015.

Observe no mapa os aeroportos brasileiros.

Brasil: aeroportos (2010)

© DAE/Studio Caparroz

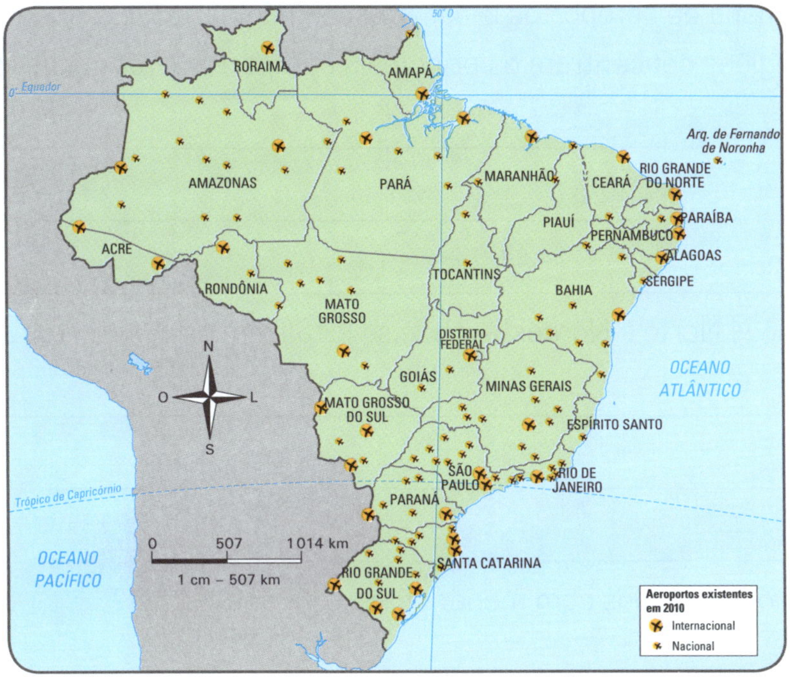

Fonte: *Atlas geográfico escolar. Ensino Fundamental – do 6º ao 9º ano.* Rio de Janeiro: IBGE, 2010. p. 62.

Baú de informações

Um levantamento feito [pela] Abraphe (Associação Brasileira dos Pilotos de Helicóptero) indicou que São Paulo é o município com a maior frota de helicópteros por cidades do mundo. São mais de 420 aeronaves registradas e em torno de 2000 pousos e decolagens todos os dias. [...]

Marcelo Justo/Folhapress

▶ Helicóptero sobrevoando heliponto. São Paulo, São Paulo, 2012.

Em 2012, o Brasil tinha 1990 helicópteros registrados – a quarta maior frota civil do mundo. [...]

[...] São mais de 3700 pilotos de helicóptero em operação e média anual crescente superior a 300 licenças emitidas para PCH (Piloto Comercial de Helicóptero) nos últimos três anos. [...]

São Paulo é a cidade com a maior frota de helicópteros do mundo, diz estudo. *R7*, 20 ago. 2013. Disponível em: <http://noticias.r7.com/sao-paulo/sao-paulo-e-a-cidade-com-a-maior-frota-de-helicopteros-do-mundo-diz-estudo-20082013>. Acesso em: jun. 2015.

Atividades

1 Observe o mapa de aeroportos brasileiros, na página 183, e responda às questões.

a) Quais regiões concentram os principais aeroportos? Por que isso ocorre?

b) Nas regiões Norte e Nordeste, onde se localizam os aeroportos internacionais?

c) Quais são os estados com menor número de aeroportos?

2 Encontre no diagrama de palavras o nome de cinco meios de transportes aéreos.

A	V	I	Ã	O	T	J	Y	F	B	F	H	K	J	H	T	Ê	Q	S	D	W
B	F	E	T	H	W	Q	S	A	S	C	S	F	E	G	U	E	T	E	D	F
E	D	Q	E	F	R	H	J	Y	F	D	F	E	B	A	L	Ã	O	H	T	E
L	A	S	A	D	E	L	T	A	A	D	F	L	H	F	R	F	C	F	J	G
T	F	D	D	W	F	H	T	G	D	H	E	L	I	C	Ó	P	T	E	R	O
A	E	E	D	E	T	É	D	F	T	L	W	A	F	G	T	E	H	G	M	S
T	G	W	E	T	R	Y	T	J	D	Y	F	O	G	U	E	T	E	U	F	A
E	R	T	G	Q	T	Y	U	H	F	D	G	T	E	T	E	T	R	R	S	C
Q	Y	R	U	E	D	E	M	E	T	A	D	E	G	R	Y	R	E	Q	A	E
Q	H	H	E	G	G	F	H	T	J	U	K	M	M	D	N	Õ	D	T	D	T
P	L	M	T	I	E	F	G	U	H	F	T	U	D	B	C	E	S	X	Z	W
A	S	I	D	R	F	L	G	A	O	C	D	E	W	Z	C	V	B	F	P	L

3 Os meios de transporte mudaram com o tempo. Com os aviões não foi diferente. Eles evoluíram. Recorte as peças da página 223 (encarte) e cole-as no local indicado.

- O 14 Bis, construído em 1906, foi inventado pelo brasileiro Santos Dumont.
- Os aviões são utilizados na zona rural para aplicar agrotóxicos nas plantações.
- Os aviões comerciais transportam anualmente milhões de passageiros.
- Aviões de acrobacia são utilizados em atividades de esportes radicais, nas quais várias aeronaves fazem manobras aéreas.

4 Complete o quadro sobre o transporte aéreo.

Principal meio de transporte utilizado	Vantagem da utilização	Desvantagem da utilização

Um pouco mais sobre...

Nas cidades também existe transporte e ele é denominado transporte urbano. A grande quantidade de pessoas concentradas em cidades cada vez maiores faz da mobilidade um elemento primordial nas políticas públicas. Leia o texto a seguir sobre esse assunto.

Atualmente, mais de 50% dos domicílios do Brasil já têm um automóvel ou uma moto em suas garagens. De fato, a frota brasileira de veículos está em franco crescimento, graças à política de incentivos adotada pelo governo desde a década de 1930. Nos últimos dez anos, o número de automóveis no país cresceu 138,6%, enquanto a população brasileira teve expansão de apenas 12,2% no mesmo período.

Possuir um carro, no entanto, é apenas a ponta do problema da mobilidade nas grandes cidades, agravado pela utilização cotidiana e excessiva do veículo. Prova disso é que, apesar de Nova York ter uma das maiores taxas de motorização do mundo, é em São Paulo que as pessoas gastam mais tempo no deslocamento casa-trabalho.

[...] O tempo não é a única coisa que as pessoas, e notadamente os brasileiros, perdem nos congestionamentos. Perde-se também saúde, dinheiro e, em alguns casos, até a vida.

O Brasil possui taxas altíssimas de acidentes de trânsito [...]. Estima-se que o sistema de saúde brasileiro gaste em média R$ 50 bilhões ao ano com tratamentos e outros custos decorrentes de acidentes de trânsito. [...]

No tocante às emissões oriundas do transporte de passageiros, 68% delas são provenientes do transporte individual e 32%, do transporte coletivo (Ministério do Transporte, 2013). [...]

Barbara Rubim e Sérgio Leitão. *O plano de mobilidade urbana e o futuro das cidades*. Disponível em: <http://www.scielo.br/scielo.php?script=sci_arttext&pid=S0103-40142013000300005>. Acesso em: ago. 2015

Converse com os colegas sobre as questões a seguir.

1. Para quais lugares você se locomove ao menos uma vez por semana?
2. Esses lugares ficam perto de sua casa?
3. Que tipo de transporte você mais usa para ir a esses lugares? Você divide esse transporte, em média, com quantas pessoas?
4. Qual lugar mais distante, dentro de seu município você já foi?
5. Que medidas poderiam melhorar as condições de mobilidade urbana em seu município?

Brincar e aprender

1 Quantos caminhões estão misturados na imagem a seguir de forma desordenada?

____

Revendo o que você aprendeu

1 Observe a imagem.

Amauri Aparecido Zardeto/CC BY 2.0/Wikimedia Foundation Inc.

▶ Salto, São Paulo, 2012.

a) Que tipo de transporte ela mostra?

____

b) O que você sabe sobre esse meio de transporte?

____

____

2 Escreva no caderno um texto sobre as ferrovias no Brasil.

____

____

____

____

3 De acordo com o mapa da página 171, todos os estados brasileiros têm ferrovias? Quais estados têm a maior quantidade de linhas férreas?

____

____

____

4. Sobre o transporte rodoviário, responda às questões.

a) Quais são os principais problemas do transporte rodoviário brasileiro?

____

____

____

____

____

____

b) Qual é a diferença entre uma rodovia federal e uma rodovia estadual? Como elas são identificadas?

____

____

____

____

____

____

5. Sobre o transporte hidroviário, responda às questões:

a) Qual local do Brasil apresenta as melhores condições para o transporte por hidrovias? Por quê?

____

____

b) Nesse local, as hidrovias são bem exploradas? Por quê?

____

____

c) Quais bacias hidrográficas destacam-se no transporte hidroviário brasileiro?

____

____

6 Leia o texto e responda às questões.

Os meios de transporte no Brasil

A inexistência de uma rede rodoviária efetivamente integrada, a falta de manutenção (problema muito acentuado na década de 1980), o elevado preço de fretes, passagens e dos combustíveis usados, o atraso na entrega de mercadorias, a não reposição contínua da frota de caminhões e ônibus, bem como dos veículos particulares (seu preço é elevado para o baixo poder aquisitivo da sociedade brasileira), etc., explicam as dificuldades que o Brasil enfrenta no setor de transportes. Esse quadro se agrava consideravelmente diante da inexistência de uma rede alternativa de transportes, como a ferrovia ou hidrovia.

Vânia Vlach et al. *Transportes e telecomunicações*. São Paulo: Ática, 1995. p. 35.

a) Qual é o problema apresentado no texto?

b) De acordo com o texto, qual seria a solução para o problema dos transportes no Brasil?

CAPÍTULO 1

Atividades para casa

1 Complete as frases.

a) No planisfério podemos observar as áreas ______________________ e oceânicas.

b) Quanto à posição continental, o Brasil localiza-se na ______________________.

O Oceano ________________ banha as terras brasileiras.

c) As terras brasileiras localizam-se completamente a ________________ do Meridiano de Greenwich.

d) A Linha do Equador cruza o ________________ do Brasil.

2 Relacione as colunas associando os países que fazem fronteira com o Brasil às respectivas regiões.

I. Norte

II. Sul

III. Oeste

IV. Sudoeste

V. Noroeste

a) ( ) Uruguai

b) ( ) Venezuela, Guiana, Guiana Francesa e Suriname

c) ( ) Colômbia

d) ( ) Argentina e Paraguai

e) ( ) Bolívia e Peru

3 Explique o que é uma:

a) fronteira;

____

____

b) fronteira terrestre;

____

____

c) fronteira marítima.

____

____

____

4 Escreva o nome dos países que:

a) não fazem fronteira com o Brasil;

____

____

b) são mais extensos do que o Brasil.

____

____

5 Cite duas vantagens da grande extensão territorial brasileira.

____

____

____

____

6 Assinale com um **X** as afirmações corretas.

a) ☐ O Brasil é formado por 26 estados e pelo Distrito Federal.

b) ☐ No Brasil existe apenas uma Constituição, que é utilizada por todos os estados.

c) ☐ O Brasil é uma república federativa, porque está dividido em estados que formam uma federação.

d) ☐ No sistema presidencialista, o governo é realizado por um presidente, escolhido pela população em uma eleição.

e) ☐ A república brasileira é composta somente de dois poderes: Legislativo e Judiciário.

Atividades para casa

CAPÍTULO 2

1 Explique o que significa:

a) população;

b) população absoluta;

c) densidade demográfica;

d) país populoso;

e) país povoado;

f) Censo.

2 Excreva **V** ou **F** de acordo com a classificação das afirmações em verdadeiras ou falsas.

a) ☐ A maior parte da população brasileira vive nas cidades.

b) ☐ A urbanização brasileira é resultado da industrialização do país.

c) ☐ A mecanização das áreas rurais atraiu maior número de pessoas para o campo.

d) ☐ A porcentagem de população jovem entre 0 e 14 anos vem diminuindo em nosso país.

e) ☐ A população idosa no país diminuiu nas últimas décadas.

f) ☐ As mulheres se tornaram maioria no conjunto da população brasileira.

3 Relacione os itens associando algumas características da população brasileira a determinados aspectos.

I. Menor número de jovens.

II. Aumento da população idosa.

III. Urbanização.

a) ☐ Decorrente das melhorias nas condições médico-hospitalares e de saneamento básico.

b) ☐ Relaciona-se com a industrialização do país e com o aumento da mecanização no campo.

c) ☐ Resultado de planejamento familiar, com uso de métodos contraceptivos (que impedem a gravidez indesejada), e de maior participação da mulher no mercado de trabalho.

4 Escreva o que se pede a seguir.

a) País mais populoso do mundo:

____

b) Estado brasileiro mais populoso:

____

5 A foto apresenta uma área pouco ou muito povoada? Por quê?

João Prudente/ Pulsar Imagens

▶ Fama, Minas Gerais, 2015.

____

Atividades para casa

CAPÍTULO 3

1 Cite exemplos da grande diversidade de povos que formaram a população brasileira.

____

____

____

____

2 Assinale com um **X** as afirmativas corretas. Depois, reescreva as frases incorretas, corrigindo-as.

a) ☐ Na época da chegada dos primeiros portugueses ao Brasil, os indígenas ocupavam as terras que hoje formam o território brasileiro.

b) ☐ Muitos indígenas foram vítimas de doenças trazidas pelos colonizadores, como a gripe e o sarampo.

c) ☐ A maior parte dos indígenas contabilizados pelo Censo de 2010 vive hoje em terras demarcadas pelo governo para preservar a cultura desses povos e protegê-los.

d) ☐ Os diferentes povos indígenas brasileiros apresentam aspectos culturais muito semelhantes.

____

____

____

____

3 A respeito dos afrodescendentes, complete as frases a seguir.

a) São considerados afrodescendentes aqueles que descendem de povos trazidos do continente ____________ e que, inicialmente, chegaram ao Brasil na condição de ____________.

b) O trabalho escravo acontecia em algumas lavouras, como a de ____________ ____________. Na mineração exploravam ____________ e pedras preciosas. Diversos escravos faziam tarefas ____________.

4 No que se refere à cultura brasileira, circule de verde as contribuições dos povos indígenas e de azul as dos africanos.

redes de descanso   farinha de mandioca   hábito de andar descalço
candomblé   curupira   maxixe   acarajé   boitatá   caruru
umbanda   samba   choro   iara   vatapá

5 Complete o diagrama com o nome de alguns grupos europeus e asiáticos que contribuíram para a formação da população brasileira.

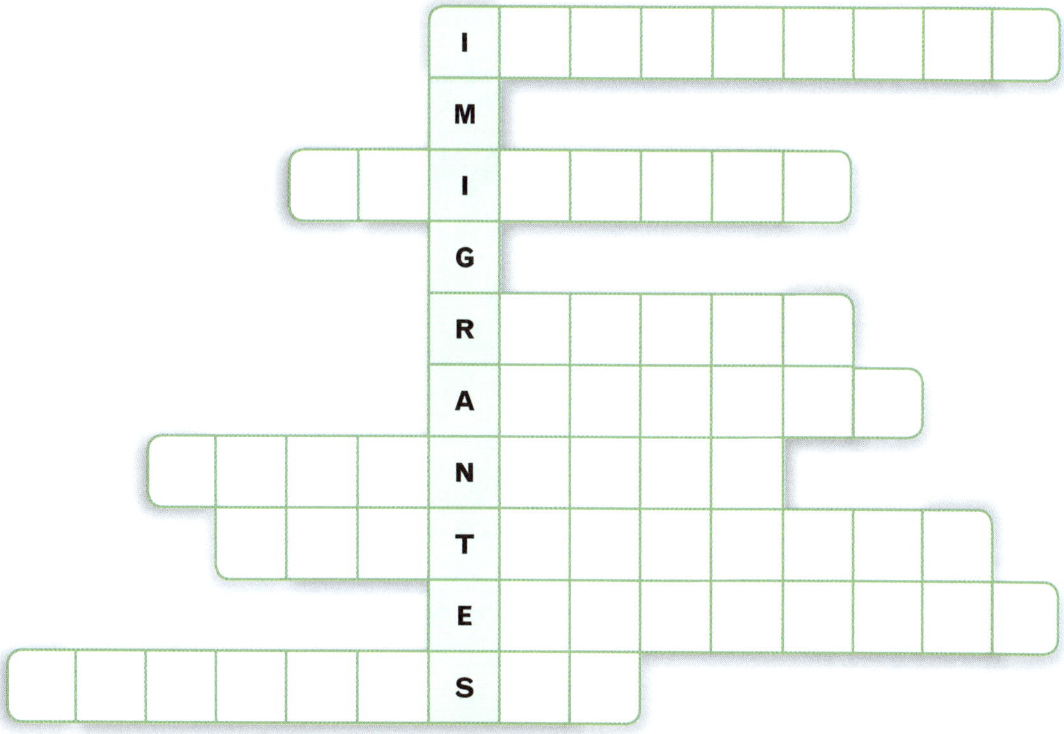

6 Cite alguns exemplos da melhoria da qualidade de vida da população brasileira.

Atividades para casa

CAPÍTULO 4

1 Explique o que são as seguintes atividades:

a) agricultura;

b) pecuária;

c) extrativismo.

2 Estabeleça a diferença entre:

a) sistema comercial e familiar na agricultura;

b) pecuária intensiva e extensiva;

c) extrativismo vegetal e mineral.

3 Cite exemplos de produtos da agricultura para:

a) exportação;

b) mercado interno.

4 Escreva o nome dado às criações de:

a) ovelhas; ______

b) bois; ______

c) cabras; ______

d) porcos; ______

e) cavalos; ______

f) mulas. ______

5 Leia o texto e faça o que se pede no caderno.

Milho

O Brasil é o terceiro maior produtor mundial de milho [...]. A primeira ideia é o cultivo do grão para atender ao consumo na mesa dos brasileiros, mas essa é a parte menor da produção. O principal destino da safra são as indústrias de rações para animais.

[...]

Ministério da Agricultura. Disponível em: <www.agricultura.gov.br/vegetal/culturas/milho>. Acesso em: jun. 2015.

a) O que se entende pela expressão "o cultivo do grão para atender ao consumo na mesa dos brasileiros"?

b) Em casa, pesquise produtos fabricados com milho e anote os nomes.

c) No estado onde você vive há cultivo de milho?

6 Quais produtos da agricultura e pecuária se destacam em seu estado? Realize uma pesquisa e anote seus registros a seguir.

a) Agricultura:

______

______

b) Pecuária:

______

______

CAPÍTULO 5

Atividades para casa

1 Qual é a atividade econômica realizada pela indústria?

____

____

2 Relacione os itens de acordo com os tipos de indústrias.

I. Bens de produção.

II. Bens intermediários.

III. Bens de consumo.

a) ( ) Indústrias que produzem peças e equipamentos que serão usados em outras indústrias.

b) ( ) Indústrias que produzem para o mercado consumidor.

c) ( ) Indústrias que produzem matéria-prima e máquinas para outras indústrias, sendo de grande importância para um país.

3 Quais são os tipos de indústrias que se destacam em seu estado? Realize uma pesquisa e anote seus registros.

____

____

____

____

4 Em relação à atividade comercial, escreva **C** para as afirmativas que estiverem corretas e **E** para as erradas.

a) ( ) O comércio se caracteriza pela compra e venda de mercadorias.

b) ( ) O comércio interno acontece entre municípios e estados.

c) ( ) O comércio externo acontece entre países.

d) ( ) Na exportação, um país compra mercadorias de outro.

5 Cite um exemplo de serviço em cada uma das áreas a seguir.

a) Transporte coletivo:

____

b) Saúde:

____

c) Segurança:

____

d) Comunicação:

____

e) Educação:

____

f) Cultura:

____

6 Em sua família há pessoas que trabalham na área de serviços? Que atividades elas realizam?

____

____

____

____

____

7 Quais serviços você mais utiliza no lugar onde vive? Por quê?

____

____

____

____

____

Atividades para casa

CAPÍTULO 6

1 Complete as frases.

a) Damos o nome de ______________________ às diferentes formas que existem na superfície do planeta.

b) O relevo terrestre encontra-se em lenta e constante transformação devido à ação do ______________________, da água da ______________________, do ______________________ e dos ______________________. Também pode sofrer alterações mais bruscas com a ação de ______________________ e ______________________.

c) O relevo brasileiro é formado principalmente por ______________________, ______________________ e ______________________.

2 O ser humano é um agente modificador do relevo. Cite dois exemplos de como ele altera o relevo.

____

____

3 Observe as ilustrações e depois responda à questão.

- Qual era a forma de relevo no local onde cada menino passou as férias?

____

____

____

____

____

____

4 O que é uma bacia hidrográfica?

____

____

5 Relacione a primeira coluna de acordo com a segunda.

I. Bacia Amazônica
II. Bacia do São Francisco
III. Bacia do Paraná
IV. Bacia do Paraguai

a) ( ) Apresenta o maior rio totalmente brasileiro.
b) ( ) Banha a maior planície brasileira – a do Pantanal.
c) ( ) É uma das maiores bacias hidrográficas do mundo.
d) ( ) Nela está a Usina de Itaipu.

6 Responda às questões a seguir.

a) No lugar onde você vive há um rio? Qual é o nome dele?

____

b) Se sim, as águas desse rio são limpas ou poluídas?

____

c) Para qual finalidade as pessoas utilizam essas águas?

____

Atividades para casa

CAPÍTULO 7

1. Escolha um dos tipos climáticos e pesquise informações sobre ele: o mês mais chuvoso, médias de temperatura, as áreas onde ele predomina e suas principais características. Anote as informações e apresente o resultado de sua pesquisa ao professor e aos colegas.

2. Escolha um dos tipos de vegetação e pesquise informações sobre ele: espécies vegetais encontradas, espécies animais, áreas de predomínio, principais características. Anote as informações e apresente o resultado de sua pesquisa ao professor e aos colegas.

3. Relacione as colunas a seguir.

I. clima equatorial
II. clima tropical
III. clima subtropical
IV. clima semiárido

a) ☐ Mata de araucárias
b) ☐ Caatinga
c) ☐ Cerrado
d) ☐ Mata Atlântica
e) ☐ Floresta Amazônica

CAPÍTULO 8

Atividades para casa

1 Escreva um exemplo para cada meio de transporte citado a seguir.

a) Rodoviário: ____________________

b) Ferroviário: ____________________

c) Hidroviário: ____________________

d) Marítimo: ____________________

e) Aéreo: ____________________

2 Assinale com um **X** as afirmativas corretas.

a) ☐ As ferrovias foram instaladas, na metade do século XIX principalmente, para transportar café.

b) ☐ Atualmente, nas estradas de ferro, os minérios, como ferro e manganês, são os principais produtos transportados.

c) ☐ Hoje as rodovias representam o principal tipo de transporte do Brasil.

d) ☐ As melhores condições para o transporte por hidrovias são encontradas no Norte do país.

3 Complete o quadro comparativo sobre os meios de transporte.

Transporte	Vantagens	Desvantagens
ferroviário		
rodoviário		
hidroviário		

4 Explique a importância de medidas ou ações para a melhoria da mobilidade urbana.

____

____

Quebra-cabeça do Brasil

Recorte os estados do Brasil na página 209 e cole-os no local adequado da imagem a seguir.

Brasil: político

Fonte: *Atlas geográfico escolar*. 6. ed. Rio de Janeiro: IBGE, 2012.

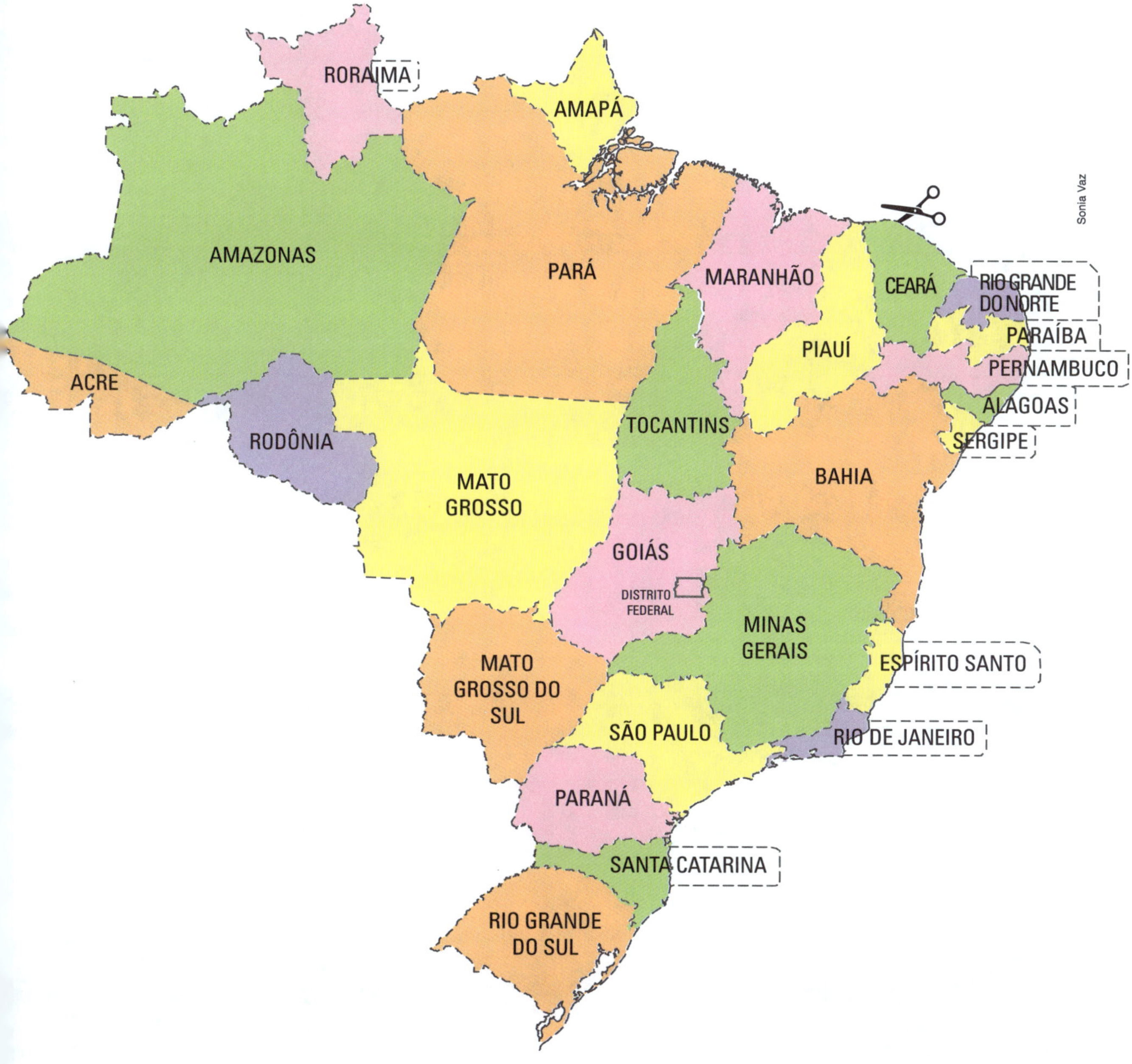
RORAIMA
AMAPÁ
AMAZONAS
PARÁ
MARANHÃO
CEARÁ
RIO GRANDE DO NORTE
PARAÍBA
PIAUÍ
PERNAMBUCO
ACRE
ALAGOAS
TOCANTINS
RODÔNIA
SERGIPE
BAHIA
MATO GROSSO
GOIÁS
DISTRITO FEDERAL
MINAS GERAIS
MATO GROSSO DO SUL
ESPÍRITO SANTO
SÃO PAULO
RIO DE JANEIRO
PARANÁ
SANTA CATARINA
RIO GRANDE DO SUL

Sonia Vaz

O espaço rural

Recorte as palavras da página 213 e cole-as no espaço que lhe corresponde da imagem a seguir.

pecuária extensive

policultura

monocultura

pecuária intensiva

pesca

Jogo da memória – Relevo brasileiro

Recorte as peças e cole-as em uma cartolina. Recorte cada peça e brinque de jogo da memória, como sugerido na página 124, prestando atenção nos tipos de relevo do Brasil.

Depressão

Mauricio Simonetti/Pulsar Imagens

▶ Quixadá, Ceará, 2015.

Planície

Leo Caldas/Pulsar Imagens

▶ Orla de Recife, Pernambuco, 2013.

Planície

Adilson B. Liporage / Opção Brasil Imagens

▶ Rio de Janeiro, Capital, 2015.

Planalto

Eduardo Zappia/Pulsar Imagens

▶ Ouro Preto, Minas Gerais, 2013.

Planície

Delfim Martins /Pulsar Imagens

▶ Orla de Santos, São Paulo, 2013.

Planície

Mario Friedlander/Pulsar Imagens

▶ Pantanal em Corumbá, Mato Grosso do Sul, 2014.

Planalto

▶ Andaraí, Bahia, 2014.

Planalto

▶ Estação Ecológica de Jureia em Iguape, São Paulo, 2014.

Montanha

▶ Pico Dedo de Deus em Teresópolis, Rio de Janeiro, 2013.

Planície

▶ Jericoacoara, Ceará, 2014.

Planalto

▶ Monte Roraima em Uiramutã, Roraima, 2015.

Planalto

▶ Videira, Santa Catarina, 2012.

Depressão

Maurício Simonetti/Pulsar Imagens

▶ Quixadá, Ceará, 2015.

Planície

Leo Caldas/Pulsar Imagens

▶ Orla de Recife, Pernambuco, 2013.

Planície

Adilson B. Liporage / Opção Brasil Imagens

▶ Rio de Janeiro, Capital, 2015.

Planalto

Eduardo Zappia/Pulsar Imagens

▶ Ouro Preto, Minas Gerais, 2013.

Planície

Delfim Martins /Pulsar Imagens

▶ Orla de Santos, São Paulo, 2013.

Planície

Mario Friedlander/Pulsar Imagens

▶ Pantanal em Corumbá, Mato Grosso do Sul, 2014.

Planalto

Stefan Kolumban/Pulsar Imagens

▶ Andaraí, Bahia, 2014.

Planalto

Delfim Martins/Pulsar Imagens

▶ Estação Ecológica de Jureia em Iguape, São Paulo, 2014.

Montanha

Ismar Ingber/Pulsar Imagens

▶ Pico Dedo de Deus em Teresópolis, Rio de Janeiro, 2013.

Planície

Marcos Amend/Pulsar Imagens

▶ Jericoacoara, Ceará, 2014.

Planalto

Tales Azzi/Pulsar Imagens

▶ Monte Roraima em Uiramutã, Roraima, 2015.

Planalto

João Prudente/Pulsar Imagens

▶ Videira, Santa Catarina, 2012.

Transporte aéreo

Recorte as imagens para fazer a atividade da página 185.

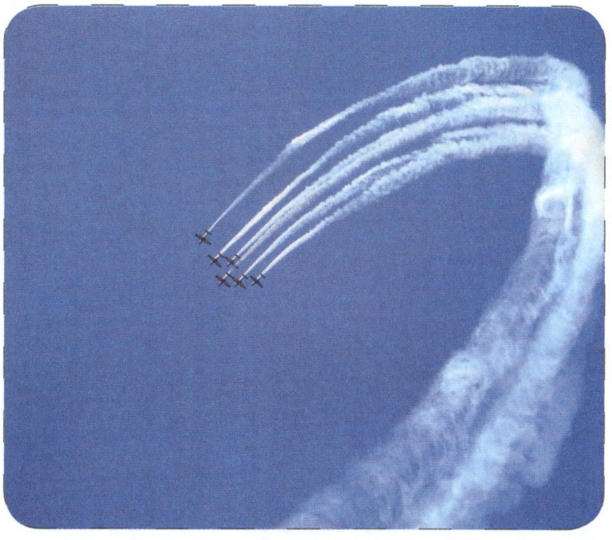

Pedro H. Bernardo/Folhapress

Leonard Zhukovsky/Shutterstock

Coleção Particular/ Archives Charmet/Bridgeman Images

B Brown/Shutterstock